JN098268

死は予知できるか

——一九六〇年代のサイキック研究

サム・ナイト＝著

仁木めぐみ＝訳

THE PREMONITIONS BUREAU: A TRUE STORY

亜紀書房

ポリーへ

THE PREMONITIONS BUREAU
by Sam Knight
Copyright © Sam Knight, 2022

Japanese translation published by arrangement with Pictures and Words Ltd.
c/o Aitken Alexander Associates Limited through The English Agency (Japan) Ltd.

死は予知できるか　目次

［凡 例］

〔 〕は訳注である。

［単位について］

1インチ＝2・54㎝
1フィート＝30・48㎝
1ヤード＝91・44㎝
1マイル＝1609ｍ
1エーカー＝4047㎡
1パイント（英）＝568mℓ

I

その音楽教室はロンドンから北へ延びる大通りに面したごく普通のテラスハウスの一室にあった。前面の壁は隣家と同じ小石を埋め込んだ仕上げだった。レースのカーテンが掛かった張り出し窓の下には手入れの行き届いたバラが整然と植えられている。玄関のドアに続く弧を描く小道には赤レンガの縁取りがあり、ドアの左側に掲げられた黒い看板には二種類のフォントを使った金色の文字でこう書かれていた。

ミス・ローナ・ミドルトン
ピアノ＆バレエ教師
ニューケンブリッジロード　カールトンテラス69

彼女をローナと呼ぶ人はほとんどいなかった。ファーストネームはキャスリーンだが、署名するときにはキャシーかケイと書いていた。しかしだいたいの人にとって彼女はミス・ミドルトンだった。彼女は小さな手でピアノをすばらしくうまく弾いた。濃い色の髪にはウェーブがかかり、歯が少し出ていて、強いニューイングランドのアクセントがあるしゃべり方だったが、それが生来の魅力と相まって、戦後のエドモントンの人々を惹きつけた。生徒たちは三歳か四歳で彼女の教室に入ってくる。そのうちの多くにとって、彼女はその後生涯忘れない特別な存在になった。

ミス・ミドルトンは普通に部屋に入ってくるとか、普通にその辺に立っているなどということはなかった。彼女は動くときはさっと進みでたし、常にポーズを取っていた。彼女によると、教室のカリキュラムはトリニティ・カレッジやギルドホール（音楽演劇学校）やロイヤル・アカデミー・オブ・アーツ〔ロンドン中心部にある芸術学校。王立芸術院〕で採用されているものとほぼ同じだという。違うところと言えば、彼女のバレエ教室はいつも居間のカーペットを巻いて片付け、椅子をどかして場所を空けることからはじまる。その間に生徒たちが入ってくる。生徒は六人、だいたいみな女の子で、ときには男の子が一人まじっていることもあった。生徒たちはそれぞれポール・ド・ブラ（腕の動かし方の練習）をする場所を決めると、本棚に寄りかかって準備が終わるのを待つ。ミス・ミドルトンは生徒たちに背を向けてピアノを弾き、スツールに座ったままくるりと向きを変える。周りにある家具はみな落ち着いた色で、どこか品があった。窓際にある真鍮（しんちゅう）の鋲（びょう）をあしらった革張りのソファは裕福な親族から受け継いだものらしく、壁に掛かった騎士と内気そうな一八世紀の美女の安っぽい複製画や、キャビネットのガラスに貼り付けられた、レッスンの欠席や月謝の遅延がないようにという注意書きからは浮いていた。ホールに出ると、次のクラスの生徒たちがミス・ミドルトンの小柄で猛烈な母親アニーの邪魔にならないようにしながら階段の上で待っている。アニーはかつて大変な美女だったが、パリで娼婦をしていたという噂があった。

ミス・ミドルトンはカールトンテラスにちなんで生徒たちのことを「メリー・カールトンズ」と呼んでいた。年に数回行う熱のこもった発表会のことを非常に気にかけていた。アニーが衣装を縫っている間、ミス・ミドルトンは四〇人ほどの生徒たちが出る演目のリハーサルをし、グループごとの演目も稽古させた。これはおそらく彼女がとても好んでいたミュージカルコメディのようなものだったのだろう。本番に向けての準備の間、メリー・カールトンズたちは、ミス・ミドルトンにはダンサーとしての立派なキャリアがあったのだということを繰り返し実感する。この六九番地の居間には日付が丁寧に取り除かれた上演プログラムがそこかしこにあった。彼女がボストン・コモンで五万人の観衆を前に踊ったときの新聞の切り抜きや、フェアリーウッドのバーナードこと、写真家ブルーノ・バーナード・ゾンマーフェルトが撮った、グランジュテを披露する若い女性の写真もあった。

言葉にして語られたことはなにもない。生徒たちはただ、実現することのなかったなにか大きなものに共感し、時とともに、先生が自分たちよりもはるかに大きな野望を抱いていたことを理解していくのだ。生徒が一〇代になり、レッスンにそれほど真剣にならなくなると、ミス・ミドルトンとは袂を分かつことが多かった。そして生徒たちは、六九番地の居間以外の場所でミス・ミドルトンをほとんど見たことがないことに気づく。生徒たちはミス・ミドルトンのアメリカ訛りがきざで気取っているなどというゴシップを耳にする。彼女はエドモントングリーンの食料品店で買い物をしている姿を見られるようなタイプではないのだ。彼女は年寄りだったわけではないが(何歳なのかは本当にわからなかった)、その大いなる希望は過去のものであり、本当の夢が実現されなかったことは明らかだった。

ミス・ミドルトンはその晩年に、音楽を教える際の注意事項のリストをタイプしている。誰が読むことを想定したものなのかはわかっていない。ルール5は生徒に宛てて書かれている。「楽譜を見ずに演奏してはいけません」。7は教師へのアドバイスだ。「オクターブはできるだけ早く教えるべき」。9は空白だ。ほとんどが実際にはルールではなく、ミス・ミドルトンの意見や個人的なリクエストだ。

12　正確に演奏する。そして生徒と同じように教師も頭が痛くなったり、腹を立てたりすることがあるのをできる限り心しておくこと。

22　手袋をして練習をする生徒の話。

26　なんでも復唱しないこと。

☆

ミス・ミドルトンはもうすぐ七歳になる冬のある寒い日に、昼食の時間に学校から帰ってきて、母親のアニーがコンロで卵を焼いているのを見ていた。「二分ぐらいすると、卵が突然に宙に浮き上がりました。どんどん高く上がっていって、天井につきそうなぐらいになったのです」。ミス・ミドルトンは一九八九年に自費出版した回想録にそう書いている。彼女はこの光景に興奮し、学校まで走って戻り、友人たちに話した。「私が何度も何度も話すうちに、子供たちは私が飛び立って、雲の中まで飛んでいくのではないかと思っていました」と彼女は書いている。しかしアニーは心配した。占い師に相談すると、フライパンから飛び立っていく卵は近しい人の死を象徴していると言われた。数週間後、アニーの親友の一人で最近結婚したばかりだった女性が亡くなり、ウェディングドレス姿で葬られた。

「このときの私が本当はどんな気持ちだったか、あるいはいまの私がそれをどう感じているかを言うことはできない」とミス・ミドルトンは書いている。彼女はその生涯を通じて、様々な形で予知を経験し続け、それをスペリングのテストで答えがわかるときの感じにたとえている。名前や数字が思い浮かぶこともあった。「私は電球の光のように輝いて見えるこの現象に惹きつけられた」と彼女は書いている。一一歳のとき、どうしてもピアノ教師に連絡をしなければと感じた。この教師はドイツ人の若い男性で、最近神経障害で病院に入院していた。彼女が両親に頼み込んで連絡を取ってもらうと、彼は自宅で服毒自殺していたことがわかった。「運命がこうなるように邪魔をしたのかもしれないし、ここで彼が死ぬことは決まっていたのかもしれない」。彼女はそう考えた。「けれどももしも連絡が取れていたら、彼はまた夕食にやってきて、どんな問題だったのかわからないけれど、それを相談できていたかもしれない」。ミス・ミドルトンは一人っ子で、世界は特に自分によく反応し、わかりやすいと思っていた。「すべては私が知っている通りに実現する」。彼女はいとこへの手紙にそう書いている。母アニーは彼女にこれから起こることを他人に言うのをやめるように命じた。

ミス・ミドルトンは人生で一番幸せだったのは子供時代だったと書いている。彼女は子供の頃に住んでいた「一二部屋ある大きな家」のことや、父親がアメリカで「役職つきの仕事に迎えられた」ことなどの思い出を語っている。実際のところはもっと

1950年代頃、ロンドン北部のエドモントンで行われた発表会でのミス・ミドルトン（前列中央左）とアニー（中央右）。
（提供：クリスティン・ウィリアムズ）

慎ましいものだったけれど。アニーの父ヘンリーはイギリス人だった。ヘンリーは裕福な家庭の出で、実家は家具製造の会社を経営し、ロンドン北部イズリントンとハックニーに三〇の土地を所有していた。アニーはリバプールの出身で五人きょうだいだった。二人は第一次世界大戦の直前にパリで出会い、「ボヘミア」号という船でアメリカに渡ったが、これはちょっとしたスキャンダルだった（アニーはフランスに幼い息子を残してきた）。ボストンでヘンリーは北の埠頭の、スパイスで味付けしたハムで有名な缶詰の会社の機械工として働き、一九一四年にミス・ミドルトンが生まれた。一家は町外れのドーチェスターに住んだ。アニーはミス・ミドルトンにピアノ、ダンス、話し方を習わせていた。ミス・ミドルトンはロシア人の教師にバレエを習い、進歩的な高校に進んで、そこでドレスのデザインや、車やラジオの修理技術を学んだ。ミス・ミドルトンの友達グロリア・ギルバートはハリウッドデビューを果たし、そのターンのスピードで「人類最速」と呼ばれるようになった。けれどヘンリーの仕事がなくなってしまった。一九三三年、一家は借金に追われて、大西洋を渡ってイギリスに戻った。

帰国は屈辱的だった。カールトンテラスは毛皮職人や紙の裁断工や大工などが住む静かな垢抜けない地域で、パリやハリウッドとはかけ離れていたし、他のミドルトン家の人たちの雰囲気ともまったく違っていた。ヘンリーは五〇歳にして旋盤工の仕事に就く。可能性は狭まっていった。ミス・ミドルトンはサドラーズ・ウェルズ劇場バレエ団のオーディションを受けたが、必要な学費を払えなかった。第二次世界大戦がはじまったとき、彼女はロンドンから北に一マイル半ほどのパルマーズ・グリーンにあるプリンスズ・ダンス・ホールでダンスの教師をしていた。E・A・クルシャという年配の男性オルガン奏者からピアノを習っていたが、彼の家の窓は空襲で吹き飛ばされてしまっていたので、いつもろうそくの灯りの下でレッスンを受けていた。

一九四一年三月のある土曜日の夜、ミス・ミドルトンは昨年秋にロンドン大空襲がはじまって以来はじめての外出をするために支度していた。プリンスズ・ダンス・ホールでセント・パトリック・デー〔アイルランドにキリスト教を広めた聖パトリックの命日〕を祝う行事があるからだった。ホールには知っている人たちがたくさん来るはずだ。空襲警報が鳴って、爆弾が落下するうなるような音も聞こえたが、彼女は行こうと心に決めていた。まさに出かけようとしていたそのときに友人が家に立ち寄った。二人はいま出かけるのが安全かどうかを話しあったが、ミス・ミドルトンの決意は変わらなかった。

ミス・ミドルトンは出発してから、後に「とても奇妙な感覚」と説明していたものを感じた。彼女は友人の腕を取ると二人で家に戻った。そしてアニーも入れて三人でトランプをしていると、午後八時四五分、対空射撃が命中したドイツ軍の爆撃機が機体を軽くするために、積んでいた高性能爆薬をパルマーズ・グリーンの上空で捨てた。ホールはダンサーでいっぱいだった。一六歳のウィンという少女は友人たちと座って、ペアでターンするダンサーたちを見ていたときに、ものすごい風が吹きつけてくるのを感じた。建物の側面の壁が崩壊したのだ。「なにも聞こえませんでした。このとき爆弾が落ちていたのです」。彼女はBBCのインタビューに答えて語っている。「あたりが真っ暗になりました」。イギリス海軍の軍人が人々に壁に背を向けて立つようにと叫んでいた。ウィンはがれきの中から救い出された。ダンス会場の犠牲者たちは外の舗道に並べて横たえられた。死者は二名だけだった。しかしホールの外のグリーン・レーンズでは一台のトロリーバスが爆心地にいた。消防士のジョージ・ウォルトンは爆発の直後に現場に駆けつけ、サウスゲート・タウン・ホール行きのバスの車内に入った。四三人の乗客が、座席に座ったり、立ったりしながら新聞を読み、自分の降りるバス停に着くのを待つ姿のまま死んでいた。

☆

ロンドン大空襲の当時、予知により九死に一生を得たり、人生が変わったりしたと信じるのは珍しいことではなかった。破壊された街並みを目にし、いつ死ぬかもしれないと思いながら生活している人々にとって、街はなにが現実でなにが人々の心の中にだけあるものなのかの線引きがあいまいな名状しがたい場所になっていた。毎晩のように空襲が繰り返されている時期、ロンドン市民たちはそうした日々になんとかして意味やなぐさめを見出そうとしていた。爆撃を発見し、小火(ぼや)のうちに消し止める火災監視人の一人は、ゴム製のブーツを洗うといつもひどい夜がやってくると気づいた。彼はブーツを汚れるままにしておいた。

一九四二年の春、イギリス国民の日常生活を記録するために開始された世論調査には超自然的な存在を信じるかという質問項目があった。回答者の約四分の一がなんらかの超常現象を信じていて、その割合は来世を信じると答えた人の割合とほぼ同じだった。多くの人がこの質問そのものに疑義を呈して、神秘的な事柄とまだ科学的に解明されていないだけの事柄をどう区別できるのかと尋ねた。「どこまでが『潜在意識』でどこからが『超自然』なのかわかりません」。ロンドン北部、バーネット在住の五一歳の教師はそう回答している。幽霊とか心霊体（エクトプラズム）などのようなあきらかに迷信的なものが超自然の範疇に入るのは間違いないが、二〇世紀半ばのイギリスではテレパシーや、さらにもっとよく起こる予感のようなものについては人々の間に一致した解釈がなく、自然科学ではまだ解明できていない心の働きなのではないかとほのめかされていた。世論調査の回答の中にはこんなものもあった。

> 私はこれから起こる出来事について、強く感じることがあります。道理はまったくわかりませんが、ただ感じるんです。そう感じるもっともな原因があるときもありますが、まったくないときもあります。最近、ある出来事が起こるまで、そのことを考えたことはなかったし、ちゃんと意識もしていませんでした。いまは感じたときに口に出し、その後本当にそれが実現しています。

それまでのロンドン大空襲は恐ろしいが夜間爆撃に限られていたので多少予測できていた。しかし一九四四年の夏、攻撃はいつやってくるかわからない飛行爆弾に変わった。ドイツ軍の有翼ミサイルV－1爆弾と後のV－2は昼夜を問わずいつやってくるかわからなかった。ロンドン市民は五年の間、戦争におびえ続けてきたが、飛行爆弾は多くの人々にとってこれまでのなによりも恐ろしかった。ドイツ軍のスパイと、北ヨーロッパにいるロケット弾の目標地点を決める兵士を混乱させるために、新聞には偽の爆撃の日時が掲載されていた。先の出来事を見通すのは困難だった。市民たちは街のそれぞれの地域について、ロケット弾が狙える場所かどうか、あるいは何発も同時に落ちてきたらどこが安全でどこが危険なのかについての理論を作りだした。「ロケット弾がやってくるまでは戦争は怖くなかった」。ダンス・ホールの爆撃から生還した少女ウィンはBBCのインタビューにそう語っている。V－2爆弾はウィンやミス・ミドルトンの家から遠くないエドモントンの陸軍の軍服工場を破壊した。ウィンは語る。「夜だったのは不幸中の幸いでした。工場は完全に破壊されました」。一九四六年、軍の情報員として戦時中のV－1について研究していたプルーデンシャル保険会社の保険計理人ローランド・クラークはロンドンの爆撃された地点の分布図を示した一ページの論文を発表した。この論文はV－1がもっとも多く着弾した南部の一四四平方キロメートルの図が示されていて、その地点はほぼ完璧にランダムで、数学の「ポワソン分布」という公式に合致していることがわかる。この公式は一八九八年に事故で馬に蹴られて死んだプロイセン兵の数の計算でも非常によく一致していた。

☆

一九六〇年代の半ば、ミス・ミドルトンが六九番地の居間で教室をはじめてからほぼ四半世紀の時が経ち、ヘンリーとアニーは七〇代になっていた。二人はロンドン北部の労働者階級の地域ホロウェイの四軒の家を相続し、その後まもなく亡くなった。ミス・ミドルトンは猫を飼っていて、その数はだんだん増えていった。あるときから、ポーランドからの亡命者で郵便局で働いているバッキアレーリという男性が同居するようになった。彼はミス・ミドルトンが戦時中につきあっていたかつての恋人で、彼女の生涯の伴侶になった。彼女は彼を同居人と呼んでいた。

ミス・ミドルトンはその後も予感に人生を変えられたり、導かれたりしていた。母親の死後は、子供の頃に最初に感じた直感を追求してみることにした。彼女は、母アニーがずっと昔に置いてきた息子、つまり自分にとっての異父兄がフランスの川べりのきれいな家に住んでいると感じていたのだ。一九六二年にパリのアメリカ大使館の助けを借りて、異父兄アレクサンデルを見つけることができた。彼はパリ南西部のサルト川の川岸の小さな町の古い家に住んでいた。

彼女は霊能力者として仕事をしたことなどはなかったし、自分の感覚にとても悩まされていた。「この能力をたとえば数学の才能に恵まれることより、恐ろしく思わなければならない理由がわからない」。ミス・ミドルトンは後にそう語っている。彼女は最近見た幻視(ビジョン)の絵を音楽教室の生徒たちに見せ、あらゆる情報が自分に知らされると愚痴をこぼすこともあった。「スイッチを切ってしまいたいの。忙しすぎる。忙しすぎるのよ」。かつての生徒クリスティーン・ウィリアムズはこう振り返る。「先生はそう言ったあと、いつも手を振っていました」

☆

無作為な情報に規則性や関連性を見出してしまう現象をアポフェニアという。意味のないところに意味を見出してしまうのはまさに狂気の定義そのものだ（ドイツの精神医学者クラウス・コンラートは一九五八年に統合失調症の起源について述べた著書でそう定義している）。しかし見聞きしたものや夢に関連性を見出すというのは思考そのものの定義でもあり、いまだかつて誰も見出していなかった規則性を発見するのは計算物理学や音楽（他にもその感情や感覚を共有する人がいればではあるが）の世界では才能だとみなされる。エドガー・アラン・ポーは一八四二年にこう書いている。「昼間に夢を見る者は夜にしか夢を見ない者よりも多くを知っている。灰色のビジョンの中に永遠やスリルを垣間見る。そして目覚めたとき、大いなる秘密に近づいていたことを悟るのだ」。それからたった一〇〇年後、ミネソタ州の精神科の看護師バーバラ・ブランデージが自分自身があるとき経験した超自然的な現象のはじまりをどう感じたかをこう述べている。「すべてのことがいつもより鮮やかで重要に感じました。入ってくる刺激が強すぎて耐えられなくなりそうでした。出来事のすべてに関連性があり、偶然ではないのです。私は非常に創造的でした」

☆

一九六六年一〇月二〇日の夜、五二歳のミス・ミドルトンは両親が相続した家の一つであるホーンジーのクレセント・ロードにある家に泊まることにした。彼女は落ち着かず、二階の客用の寝室で眠った。翌朝の六時頃にとても強い不吉な予感がした。「息がつまり、あえぎながら目を覚まし、壁が倒壊すると感じていました」。この日のすぐ後に彼女はそう書いている。バッキアレーリが夜勤から帰ってくると、彼女は不吉な感覚のことを話した。バッキアレーリは彼女が落ち込んでいることに気づいた。彼女はふだんは午前中になにかを飲むことはほとんどないのに、このときは午前八時に彼が淹れた紅茶を一杯飲んだ。

それから一時間と少し経った頃、サウス・ウェールズの巨大な採鉱廃棄物の山で作業をしている人々も紅茶を淹れるために休憩していた。現場には軽い材料でできた、石炭の暖炉つきで移動式の小屋があり、いつも作業をしている現場近くにその小屋を置いて使っていた。金曜日の朝、明るく風のない秋の日だった。下の谷は霧でかすんで見えない。その霧を突き抜けてマーサー谷の炭鉱の四角く高い煙突が伸びている。第一次大戦以来、ボタと呼ばれる炭鉱から出る捨て土は、マーサー山のトロッコに載せられてマーサー山の中腹に運ばれていた。ボイラーの灰、鉱山廃棄物、不要な石炭、スラリー（石炭の小さな塊が水と混ざっている粘度の高い液体）と選鉱くず（化学的濾過の過程で出るさらに細かい粒）が含まれたボタは一〇両編成の金属製のトラムに載せられ、ロープで引っ張られてレールを登ってくる。トラムはエンジン小屋がある斜面のてっぺんに着くと今度は別のレールをゆっくりと降りていき、ボタ山のてっぺんに着く。そこでスリンジャーと呼ばれる投棄作業員がトラムを一台づつクレーンに取り付け、クレーンの運転手がトラムを持ち上げ、逆さまにして中身をあける。時が経つごとに、トラムがやってくるごとに、山は高くなり、谷の周縁に円錐形に黒々とそびえたっていく。山が大きくなりすぎたり、斜面に問題が出てくると、炭鉱の技師たちは別の場所に新たに山を作りはじめる。その朝彼らが作業をしていたボタ山七号は一九五八年のイースターから積み上げられはじめた。前の六号が畑を侵食してきたと地元の農家から苦情が来たからだった。七号の場所は技師と炭鉱の支配人がマーサー山に登って、地図を見ずに決めた。

一九六三年に二度、七号の廃棄物が斜面を流れ落ちている。この年の一一月、七号に幅八〇ヤードの穴ができた。一九六六年の秋、七号の高さは斜面から一一一フィートにもなっていた。多量のスラリーや選鉱くずや炭鉱の瓦礫などが含まれ、その量はセントポール寺院一・五杯分以上にものぼっていた。何週間も降り続いた大雨が山にもその頂上に積まれた採鉱廃棄物の山にもしみこんだ。一〇月二一日の午前七時半の少し前、投棄作業員とクレーンの操縦者は山頂に行ったときに、夜の間にボタ山のてっぺんが一〇フィートほどへこんでいることに気づいた。山の端へと続くトラムのレールは途中からこの穴の中に落ち込んでいた。作業員のダイ・ジョーンズはこのことを報告するように言われ、山を降りた。ボタ山には通じる電話がなかった。電話線が盗まれてしまっていたからだ。ジョーンズがいない間に、クレーン操縦者グウィン・ブラウンはクレーンを後ろに移動させた。午前九時、ジョーンズがチームリーダーのレスリー・デイヴィスとともに戻ってきたときにはボタ山のてっぺんはさらに一〇フィート低くなっていた。彼らは良くない状況だと判断した。デイヴィスは来週、炭鉱の技師たちが新しいボタ山の場所を決めるべきだという知らせを伝えた。七号はもう終わりにしないと。デイヴィスは作業員たちに、お茶を飲んでからクレーンやレールを移動させる作業をはじめようと言った。投棄作業員とデイヴィスは小屋に向かった。

ブラウンはクレーンのそばに残り、斜面を見下ろしていた。谷にはまだ霧が低く垂れ込めている。テラスや教会や小さな店が密集して建っているアバーファンの村は見えなかった。村は周囲から隔絶していたが、田舎ではないし、古い村でもなかった。炭鉱ができる前は農家が一軒と羊が点々といる牧草地しかなかった。海まで続くタフ川がきらめいている。一九世紀に、イングランドやアイルランド、イタリアから男たちが石炭を掘るためにアバーファンにやってきた。彼らは家族を連れてきて、この村を作った。炭鉱はずっとそこにあり、良いときも悪いときも彼らを見つめていた。一九三四年には村のジャズバンドがロンドンのクリスタルパレスで開催された全国大会で優勝した。

ブラウンが見下ろしていると、ボタ山が盛り上がってきた。何が起きたかわからなかった。「最初はゆっくりと盛り上がりはじめたんです」。彼は後に語っている。「自分の目がおかしいのかと思いました。それからかなり速く、ものすごい勢いで盛り上がりはじめたんです」。はるか下のボタ山の基部では何千トンもの廃棄物が液状化し、突然滑り落ちた。黒く光る波が周囲の堆積物も飲み込みながら、激しい勢いで斜面を流れ落ちはじめた。「へこんだところから湧き上がってきて波に変わったみたいでした。自分が見たものをこうとしか言い表わせません」とブラウンは語る。「山の方へ流れていった……アバーファンの村の方へ……霧の中へ」。ブラウンは叫んだ。小屋からチームの人々が転がるように走り出てくる。そして彼らも何が起こっているのかを見た。斜面を駆け下りながら、みな警告のために叫んだがそれはむなしく響くだけだった。村までの道は倒木やトラムやごみや泥にさえぎられていた。流れは激しい音を立てていた。彼らの見ている前でボタは数百ヤードほど滑り落ちた。なだれのように押し寄せていった。アバーファンの人々は後に、崩落の轟音は低空飛行のジェット機か雷鳴が落ちる音のようだったと語っている。

羊も生垣も牛も農場もその中にいる三人の人も飲み込まれた。村のもっとも西にあるモイ・ロードという通りは山のふもとに沿ってつくられていた。ここにアバーファンの二つの学校があった。パントグラス小学校とパントグラス郡立中学校だ。小学校は九時はじまりだった。中学校は九時三〇分始業。波は九時一五分に到達し、小学校を飲み込んだ。校舎は子供たちでいっぱいだった。子供たちは出席を取るのに応えたり、雨量計をチェックしたり、p-a-r-a-b-l-eという単語の綴りを書いたり、夕食代を払ったり、体育のレポートを提出したり、絵を描く準備をしたりしていた。炭鉱のトラムと瓦礫は壁を突き破って校内に飛び込んできた。学校は裏側から三〇フィートもの真っ黒な泥の山に押しつぶされた。破風がある側の屋根が泥から突き出ていた。中学校は一部だけが泥流に襲われた。一四歳のハワード・リーズは教室に向かっているときに村の上にある古い軌道の盛り土のところにうねる波を見たと語る。「速く動いていた。町に入ってくる車ぐらいのスピードで」。そして壁際に座っていた友達三人を押しつぶしたという。学校の裏の八軒の家も押しつぶされた。美容師のジョージ・ウィリアムズはモイロードで建物のドアと窓が壊れて内側に押し込まれていくところを見た。煉瓦が飛んでいた。彼は波形の鉄板の下に閉じ込められた。轟音が止まったとき、まるでラジオのスイッチを消したようだったとウィリアムズは語る。「静まりかえって、小鳥の声も子供の声も聞こえなかった」。午前九時二五分、モイロードのずっと先のパブ、マッキントッシュホテルから救急に最初の連絡が入った。二〇分もしないうちに、黒い顔をしてランプ付きのヘルメットをかぶった炭鉱夫たちが谷底の炭層からやってきた。断裂した水道管から道路に流れだした水が救助する人々の膝の高さまで達していた。アバーファンのボタ山崩落により一四四人が死亡した。そのうちの一一六人は子供で、年齢はほとんどが七歳から一〇歳だった。

午前一〇時三〇分にBBCがニュース速報を流した。首相ハロルド・ウィルソンが昼時のニュースでこの惨事を知ったとき、死者は二六人と報じられていた。この頃には、マーサー・ティドヴィルとカーディフを結ぶ幹線道路から外れた曲がりくねった道の先にあるアバーファンは、報道陣の車や救急車や移動販売車や土木機械で渋滞した。瓦礫を除去するために近隣の炭鉱からあらゆるタイプのトラクタショベル、ブルドーザー、掘削機、トラックがやってきたが、校庭に急カーブがあるのと生存者が埋まっている可能性があるせいで、作業の大部分は手で行わねばならなかった。救出にあたっている人々はなにかがあると感じるたびに笛を吹いて知らせ、その後、その場は静まり返る。午前一一時以降、生存者はまったく発見されなかった。りんごを持ったまま死んでいる少女や四ペンスを握りしめていた少年が発見された。子供たちはポケットに出生証明書を携帯していた。ひどく損壊されている遺体もあった。なんとかして救出したい、起きたばかりのこの大惨事を元に戻したいという熱い思いが現場に渦巻いていた。もうどうにもならないとわかっていても、人々は役に立ちたいと願った。マーサー病院では人々が献血のために行列を作った。その必要はなかったのに。炭鉱の交換台にはいろいろな形の助けを申し出る電話が殺到し、外線がつながらなくなった。一〇〇〇人から二〇〇〇人の人たちが救出作業に加わろうとモイロードに駆けつけた。人々は石のまじった土砂でけがをし、出血した。瓦礫の山の上に立って作業を見る人たちもいて、そのせいでさらに山が崩れて復旧が遅れる結果になった。ブルドーザーの運転手は操作中に居眠りをしてしまった。村の真上にあたる斜面では、炭鉱夫と技師たちがスラリーを詰めたサンドバッグで周りを囲んで、ボタ山七号の残りを安定させようとしていた。学校の近くでは百名ほどの非番の救急車の運転手たちが家に帰るのを拒否してうろうろしていた。午後の間にアバーファンの街灯の電球はワット数の高いものに替えられ、作業が続いている現場の周りには投光照明灯が建てられた。日が落ちると気温が下がった。首相が視察にやってきて、やがて帰っていった。午前三時頃、エリザベス女王の義弟スノードン卿が小型のスーツケースとシャベルを一本持って到着した。卿は村で一番大きな教会、ベタニヤ教会に案内された。そこには黒っぽい信徒席の床にチョークで男性を表すMと女性を表すF、子供を表すJが書かれ、遺体が並べられ、警官たちが働いていた。外では五〇人ほどの親たち――ほとんどが父親だった――が自分の子供の遺体の身元が確認されるのを何時間も待っていた。

翌日、土曜日の朝、空は雲に覆われていた。やがて曇りから雨に変わる。村の人々はみな一時間か二時間しか眠っていなかった。『マーサー・エクスプレス』紙は「見渡す限り灰色一色だった」と報じている。「人々の顔は疲れと苦悩から灰色になり、家や道路はボタ山から流れ出たスラリーで灰色に染まっていた」。希望はなくなってきたが、秩序は回復してきていて、前日の熱狂的なエネルギーはまだ残っていた。泥や石を村から運び出すために一〇〇台ものトラックが列をなしていた。災害発生から二四時間以内に、アバーファンの名前とその意味、父親たちが積みあげた石炭くずで子供たちが生き埋めになった場所だということが世界中に知れ渡った。赤十字は一万本のたばこを配った。ＲＳＰＣＡ（英国動物虐待防止協会）は各家庭を訪問してこの混乱の影響でケアを必要としているペットがいないかを調べるために移動ユニットと五人の動物検査官を派遣した（概当するペットはいなかった）。災害現場で必要なものがあると即座に、異常な量が送られてきた。手袋が必要だというリクエストがあったときには、六〇組も届いた。警察が「955シャベル」という掘削道具を一つ送ってほしいと要請した。その結果、彼らが受け取ったのは九五五本のシャベルだった。誰が頼んだわけでもないのに炭鉱の駐車場にやってきたトラックには、缶詰の肉やシャツや大量の果物が載せられていた。その荷物の隙間という隙間にはガムや石鹸やスープやブランデーの瓶が詰め込まれていた。

☆

災害現場へのアクセスをコントロールするために検問所が設けられていたが、なんらかの制服を着た者や公用車に見える車はだいたい通されていた。一〇月二二日の午前中、ダークグリーンのフォード・ゼファーが村に入っていった。運転していたのはジョン・バーカーという四二歳の精神科医で、彼は特殊な状況下にある人々の精神状態に強い興味を持っていた。長身で大柄でスーツとネクタイを着用している。三〇代の頃、彼はかなり太りすぎていた。その後、運動をし、二度焼きした硬いパン、ラスクを食べるようにしたところ、今では服がぶかぶかになり、実年齢よりも上に見られるようになった。目の下にはたるみがあり、唇は厚く、黒っぽい髪の毛を額になでつけている。彼はマーサー谷の一〇〇マイルほど東のシュローズベリー州郊外にあるシェルトン病院の上級顧問医だった。当時、彼は恐怖のあまり死ぬということがあり

Figure 5

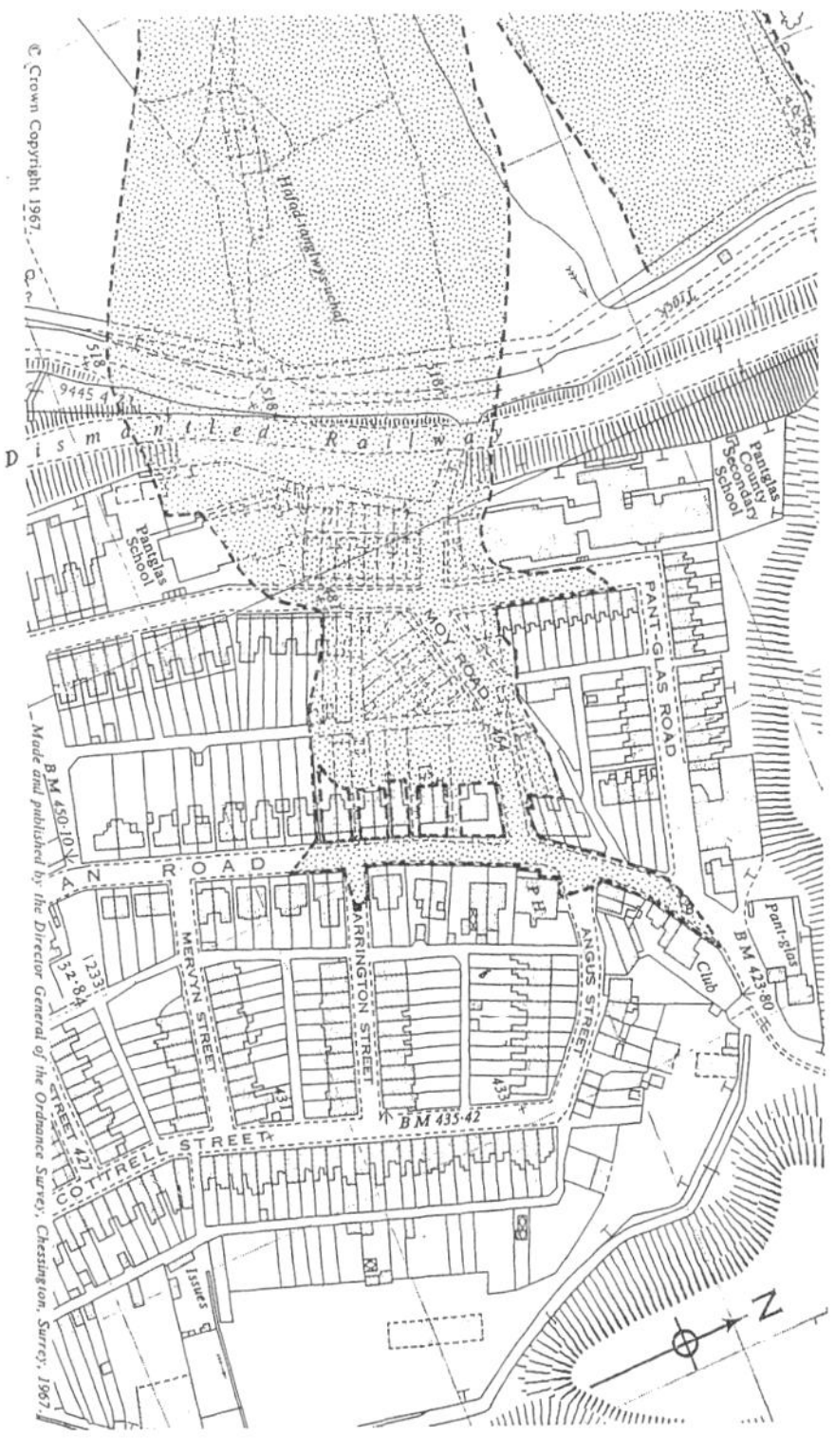

House of Commons Parliamentary Papers Online.
Copyright (c) 2006 ProQuest Information and Learning Company. All rights reserved.

1966年10月21日、裁判所の指示により提出されたアバーファンの事故調査報告書に記載された被害状況。

得るのかどうかについて論じた『死ぬほどの恐怖』という本を書いていた。

アバーファンの事故直後のニュースで、学校から逃げ出せた少年が、けがはなかったものの、その後精神的ショックのために亡くなったと報じられているのをバーカーは聞いた。それを調べるためにやって来たが、来るのが早すぎたと彼は気づいた。バーカーが村に到着したとき、生き埋めになった人々がまだ続々と掘り出されていた。「私はすぐに、今はこの子についていろいろ聞き回るタイミングではないと気づいた」。彼は後に書いている。アバーファンで目にした光景に彼は衝撃を受けた。バーカーは結婚していて、三人の子供がいた。「あまりのことに吐きそうになった」。その惨状に彼はロンドン大空襲を思い出した。まだ一〇代の少年だった頃、彼はロンドンの南部に住んでいたのだ。しかしアバーファンの災害では狭い地域でたくさんの人が亡くなり、しかも死者のほとんどは子供だった。「子供を亡くした親たちが呆然とし、絶望した様子で通りに立ち尽くしていて、まだ泣いている人もたくさんいた。私が会った人はほとんどみな誰かを亡くしていた」

野次馬や特に理由もなく外からやってきた人々はすぐにわかった。なにもしないで紅茶を飲んでいる警官たちは怒鳴りつけられた。カメラマンはたばこの缶を投げつけられてカメラが壊れた。その日は一日中霧雨が降り続き、救助に当たる何百人もの人々をびしょ濡れにし、すでに泥が何インチも積もっていた通りをさらにぬかるみにして、またいつボタ山が崩落し、さらなる災害が起こるかわからないという恐怖が一層増した。村中が恐ろしい緊張状態にあった。救急本部は丘のふもとまで撤退した。サイレンはいつでも警報を鳴らせる状態になっていた。

けれどバーカーは車に戻って走り去りはしなかった。彼はずっと他人が気味が悪いとか説明がつかないと感じるようなことに興味を持ってきた。彼はどこから見てもれっきとした精神科医だ。ケンブリッジ大学とロンドンのセント・ジョージ大学医学部で学んだ。しかし彼は自分の分野の限界にもぶつかってきた。バーカーは精神医学には「新たな領域」があると信じていた。たいていの場合は瑣末なことだとか心霊現象だと受け取られてしまう問題や症状を研究できるよう他の医師たちを説得することさえできれば、科学の本流に組み込まれるような領域があると考えていたのだ。彼は一八八二年に超常現象を調べるために設立されたイギリス心霊現象研究協会のメンバーで、数年前から、ある出来事が起こる前にすでにそれを知っている人々がいるという予知の問題について興味を持っていた。バーカーは進歩的な医師だった。彼は「意識的な合理主義」と自らが呼ぶものを深く探求していた。しかし彼は自分の調査には自分の自由意志だけではないきっかけがあること、それに自分が影響されやすく、衝動的であることを自覚していた。幾度か重大な局面で境界にぶちあたったり、警告されたりしたときに、彼はそれを聞かずに突き進んでいる。

アバーファンで彼は自分がいま非常に重大ななにかの現場に居合わせていることを感じていたが、それがなんなのかはわかっていなかった。関係者たちと話をするうちに、彼は災害にまつわる「いくつかの奇妙で感情的な出来事」に衝撃を受けた。マーサー谷から子供たちを運ぶスクールバスは事故当日、霧のために遅れ、モイロードに到着したのは崩落の後だった。乗っていた子供たちはこの遅れのために助かったのだ。ある男の子はどうやら生まれてはじめて寝過ごしたせいでバスに乗り遅れ、泣きながら母親に車で学校に送ってもらった。彼は瓦礫に潰されて死んだ。ボタ山が流れ落ちてくる前の瞬間に、特に意味もなくなにも考えずになされた、たとえば仕事の前にお茶を一杯飲むとか、違う方向に目をやるとか壁に寄りかかるなどの行動のせいで、ある者たちは命を救われ、ある者たちは命を失った。

バーカーはそれがどういう選択だったのか、そうしようと思った原因はなんだったのかに興味を抱いた。人々は論理的に考えて恐れを抱いていたのか、それとも無意識のうちに危険を感じていたのか。アバーファンを見下ろす、黒く不自然にそびえたつボタ山は村の人々の心に長い間恐怖を抱かせていたのか。家族を失った人たちは夢を見たり、前兆があったりしたと語っている。事故の何週間か後、パントグラス小学校で亡くなったポール・デイヴィズという八歳の男の子の母親が、ポールが崩落事故の前日の夜に描いた絵を見つけた。その絵には斜面でたくさんの人々がなにかを掘っている様子が描かれ、その上には「おしまい」と書かれていた。

また、崩落の二週間前に、一〇歳のエリル・メイ・ジョーンズが母親のメーガンに死ぬことは怖くないと語っていたという話を聞いたバーカーは、「単なる想像ではない」と書いている。このとき母親はこう応えたという。「あなたはまだとても若いのにどうして死ぬ話なんてするの？　キャンディはいる？」

そして地元の牧師グラナント・ジョーンズが書き留め、エリル・メイの両親がそれ

ジョン・バーカー
（提供：バーカー家）

にサインした調書を後にバーカーが公表している。

大惨事の前日の夜、エリルは母親に言った。「ママ、聞いて。きのうの夜こんな夢を見たの」。それに応えて母親は優しく言った。「ごめんね、ママいま時間がないの。あとでまた聞かせてくれる？」エリルは答えた。「ううん、ママ、いまじゃなきゃだめなの。夢の中で学校に行ったら、学校がなかったの。真っ黒ななにかに全部埋まっていたの」

翌朝、エリルは学校で生き埋めになった。

バーカーは実験を好んでいた。アバーファンを訪れた直後、彼はユニークな研究を思いついた。この事故が類を見ない大惨事であること、そしてイギリス中の強い関心を集めていることを考え、この件に関してなにか予感を抱いていたという事例をできる限り集め、それを感じた人を調べようというのだ。

バーカーはロンドンの『イブニング・スタンダード』紙の科学担当の記者、ピーター・フェアリーにこの計画を公表してほしいという依頼の手紙を書いた。フェアリーとはこの前の年に会っていた。フェアリーが恐怖と死についてのバーカーの研究を取り上げて、二ページの記事を書いたときだ。二人の性格は正反対のようだった。バーカーは不安定になることがあり、どこか厳めしいところがあった。フェアリーはバーカーより六歳年下で、人当たりがよく、ずんぐりとしていて、競争心が強い。新人記者時代にシューレーンにある『イブニング・スタンダード』紙の本社の向かい側のパブ「トゥー・ブラザーズ」で同僚とともに、マコン・ヴィラージュのボトルを空け、どの分野を担当するかをコイン投げで決めた。フェアリーはこのときから科学担当になり、それから長年、原子エネルギーや深海探査実験、宇宙開発競争などについて熱のこもった最新の記事を書き続けた。テレビ中継しながら世界を回った。この当時はロンドン西部チェルシーの宿泊設備付きヨットに住んでいて、折りたたみ式のバイクについて取材していた。なんにでも食らいつき、容赦しない性格だった。一九九八年に亡くなったとき、遺された妻と子供たちは彼が二〇年にわたって二つの家庭を持っていたことを知った。子供の一人は、フェアリーはすべてにおいて常にトップでいようとし、すべての手がかりを追っていたから、私生活のことがバレなかったのだろうと述懐している。

フェアリーは伝統を重視しない人物ではなかった。ケント州のパブリック・スクール、サットン・ヴァレンスで模範生であり、陸軍では大尉だった。一方で彼は宗教の布教者のような熱意を持って科学を信じ、いつの日にか科学が我々の疑問すべてに答えてくれるだろうと考えていた。テレパシーや地球外生命体とともに偶然のように見える謎についての説も否定はしていなかった。彼のキャリアの大半は直感のおかげで築かれた。一九六一年四月、彼はほぼ、太平洋上の船に対する警報となにかが起こるという自身の予感だけを根拠に、ソ連が世界で最初の有人宇宙船を打ち上げることを予想した。彼の記事は『イブニング・スタンダード』紙の一面を飾った。「人類初の宇宙飛行――打ち上げ迫る」。フェアリー三〇歳のときだった。車でブロムリーに帰る途中、新聞売店の前で黒枠の見出しがのぞいているのを見て、不安で具合が悪くなった。

その二日後、ユーリ・ガガーリンが宇宙に飛び立った。編集者からフェアリーにどうしてわかったのかと電話があった。彼の給料は二倍近くに上がった。そのうちに宇宙開発競争の報道は彼のライフワークになった。一〇年後にはイギリスのテレビで月面着陸の中継を担当した。しかしアバーファンの大惨事の頃には糖尿病と過労による一時的な失明で療養中だった。前年の一二月、軌道上でランデブーを試みたジェミニ7号の取材のため、フロリダのケープ・カナベラルとテキサス州ヒューストンにあるNASA(アメリカ航空宇宙局)のジョンソン宇宙センターとの間を慌ただしく行き来しているときに、目に痛みが出はじめた。疲れ果ててイギリスに戻り、クリスマスの日に目を覚ますと目が見えなくなっていた。そのまま三ヶ月間、見えなかった。休養せねばならず、ライフワークも休止せざるをえなかった。失意の日々の間、彼は這うようにして階下に降り、ウィンストン・チャーチルの第一次大戦中の演説を何度も繰り返し聴いていた。

このまま一生失明状態が続くと思っていたフェアリーは、目が不自由な人たちのために、アメリカとソビエトの宇宙開発プログラムについての解説をテープに吹き込もうと考えるようになった。一九六六年の春のある日、昼食の後片付けで皿を拭いているときだった。彼は不意に気分が沈み、自分にはなんの価値もないと感じた。そのと

EVENING STANDARD, FRIDAY OCTOBER 28, 1966—13

Did anyone have premonition of Aberfan disaster?

In advance of most of the great disasters of history—such as the Titanic sinking—somebody seems to have had a premonition. Did anyone have a genuine premonition before the coal tip fell on Aberfan?

That is what a senior British psychiatrist would like to know—and he has asked for my help in finding out.

THE WORLD OF SCIENCE by PETER FAIRLEY

Four ways

R101 disaster

THE QUIET BREAK-THROUGH

Whole wings

Special chamber

American space engineers have designed a "lunar taxi" for transporting two men up to 50 miles across the surface of the Moon. This is what it will look like. A full-scale model of the vehicle has been constructed at the Wright-Patterson Air Force Base, Ohio.

A matter of depth

Changing the image

ピーター・フェアリーのコラム「科学の世界」、1966 年 10 月 28 日。
(『イブニング・スタンダード』紙)

き電話が鳴った。ロン・ホールというラジオ局のプロデューサーからの電話で、彼はあることを訊きたくて電話してきたのだ。それは国立保険サービス(NHS)の目が不自由な患者たちのために、宇宙開発競争についての長いインタビューを録音してはもらえないだろうか? というものだった。翌週、ホールが録音のために盲導犬と一緒にフェアリーの自宅にやってきた。フェアリーは後にこう振り返っている。「偶然と言えばそれまでだ。けれどどこういうようなことが何度か起こると、本当に偶然なのだろうかと思わずにはいられなくなる」

一〇月二八日、フェアリーは毎週金曜日掲載の自分の「科学の世界」というコラムでバーカーの呼びかけを紹介した。「アバーファンのボタ山崩落の前に本物の予感を感じた人はいないでしょうか?

ある精神科上級専門医がそれを知りたがっています」。フェアリーはそう書いた。記事の中でバーカーが聞きたいと思っているビジョンの種類を説明した。「鮮明な夢」「起きているときに鮮明に感じたこと」「大惨事の瞬間のテレパシー」（何マイルも離れたところにいる人に影響を与えたこと）「千里眼」。このコラムはこの研究が非公式のものであることを暗に示している。バーカーは自らの名前を出さないでほしいと依頼していたのだ。記事では読者に一九一二年のタイタニック号の沈没や一九三〇年のR101飛行船の墜落事故の際に予知した人がいたことを思い出させている。この記事はNASAが開発中の宇宙飛行士を乗せて月面を走るタクシーについて芸術家がどう感じているかという記事の隣に掲載された。

当時『イブニング・スタンダード』紙の発行部数は六〇万部近かった。ミス・ミドルトンも購読者の一人で、午後にベッドの中で目を通すのを好んでいた。彼女は一一月一日に自身の予感について書いた手紙を送った。

☆

その手紙はシュローズベリーの西二マイルのところにある、バーカーのオフィスに届けられた。オフィスは通りから高い松の木々でさえぎられた細長い赤煉瓦の建物であるシェルトン病院の二階にある。この病院はヴィクトリア朝に建てられた精神病院で、ゴシック建築だった。正面玄関には鐘楼やかわいらしい張り出し窓、急な角度の屋根窓などがあった。病院の窓は小さく、鉛のガラスがはまっていて、四インチしか開かない。ロンドンのセント・パンクラス・ホテルを設計したジョージ・ギルバート・スコットによる建築だった。一八四三年、スコットとパートナーのウィリアム・モファットはシュロップシャー州精神病症状治療協会に六〇人を収容できる病院の建築を依頼された。

それから四〇年の間にシェルトン病院は八〇〇人以上の人々を収容するようになった。地図で見ると、大幅に増築されてナナフシのような形になっている。左右対称に棟と廊下が延びていて、そこに男性と女性の入院患者がそれぞれ収容されていた。シェルトンの建物は高い煉瓦の塀に囲まれた一五エーカーの敷地に建てられていた。一世紀以上の間、この病院は判事や医師が中部地方の田舎町とウェールズとの境界あたりの広範な地域から老人や変人を送り込む最終地点になっていた。患者の四分の一ほどはシュローズベリーの出身だったが、残りは農村や市場が立つ小さな町の出身者だった。ウェールズ語しか話せない者もいた。そもそも話せればだが。戦争でやってきて取り残されたポーランド人もいた。

この施設はずっと存続できるように建築された。専用のスチームランドリーや理髪店や椅子張り工房に加えて、醸造所もあり、アルコール度数一パーセントの病院製エールを造っていた。「必要なことはすべてできていた」と元副看護師長フェアリー・シーハンは振り返る。工業療法ワークショップではドライバーを手に集まった患者たちが古い電話機を分解した。チャペルの向こうには菜園と豚小屋があった。プラムと洋梨とりんごの果樹園があり、手作業を中心に運営されている小さな農場もあった。市の立つ日には患者たちが車で丘を下って、病院で飼育した豚や羊やエアシャー種の乳牛を運んだ。一九三〇年代まで看護師たちの通勤手段は荷馬車だった。この病院のクリケット場はイギリス屈指のものだと認められている。ただ、患者たちの症状がよくなることはなかった。

地方の精神病院の多くと同じく、シェルトン病院に植え付けられていた目的は精神病の人々を治療することではなく、彼らを社会から隔離することだった。二〇世紀の半ばごろ、一時は患者数が一〇〇〇人に届いた時期もあったが、その頃の患者の三分の二は「慢性患者」、つまり長期入院患者であり、退院を想定されていなかった。一部の患者たち、特に年配の女性や貧しい人々は、なんの診断も書類上の手続きもなく送り込まれてきていた。彼らはいろいろな郡の当局から空いていたベッドに送り込まれてきたのだ。三分の一くらいの患者には一度も面会者が来なかった。六〇年代には四五年間入院している耳が不自由で口がきけない男性がいた。また学習障害はあるが、精神疾患はない者が五〇人ほど（全患者の六パーセントほどにあたる）いて、彼らは見捨てられたせいで一生精神障害のある者たちの間で暮らさねばならなかった。シュロップシャー中のアルコール依存症患者がときどき、酒を抜くために数週間シェルトンに放り込まれた。多くの患者たちがなんの治療も受けていなかった。長期入院の男性患者の半数ぐらいが一日中なにもしていなかった。彼らはトランプをしたり、強迫的な行動をえんえんと繰り返したりして過ごしていた。病棟には元司祭や競売人やビジネスマンがいた。少なくとも一人、イエス・キリストを称する者がいて、看護師が外に出してくれさえしたら奇跡を起こすのにと主張していた。ほとんどの患者の衣服が信じられないほど汚れていた。彼らはほぼあらゆる意味で､置き去りにされていた。看護師が薬を間違えて与えることがときどきあり、何年も口をきいていなかった患者が鎮静剤のかわりに抗うつ剤を与えられて、突然話しだしたりした。何十年も閉じ込められていた患者たちが久々に散歩に連れ出され、ウェルシュプールの大通りで忙しく行き交う車を見て衝撃を受けたりした。六〇年代のある春の日、二一年間入院していた妻の遺体を引き取りにきた男性がいた。しかしちょっとした行き違いがあった。妻は死んでいなかった。彼はそのまま一人で家に帰った。

シェルトン病院で働く医師たちは病院を「へんぴな精神病院」とか「掃きだめ」と呼んだ。シュローズベリーではこの病院は「ザ・メンタル」と呼ばれていた。じっさいのところ、当時の精神病院はみな似たようなものだった。シェルトン病院は改革を試みる過渡期にあった。一九六四年、二つの病棟をのぞくすべての病棟の鍵を取り去った。男性患者の病棟にはこの郡出身の名士であるチャールズ・ダーウィン、A・E・ハウスマンなどの名がつけられていて、女性患者の病棟には樹木の名前がつけられていた。シュロップシャー出身の高名な女性の名前があまり見つからなかったからだ。敷地内の柵や壁は木々や藪に置き換えられた。精神分析医と作業療法が導入された。ジャズバンドがやってきて演奏することもあった。

しかし病院は旧体制からなかなか脱却できなかった。スタッフの中には患者と同じくらい施設での生活がすべてになっている者がいた。植民地の行政官だった院長のジョン・リトルジョンは病気がちで判断を下すのが苦手だった。病院を一日一日回していくだけで非常にエネルギーが必要だった。病院では一日に八六五パイントの牛乳が必要だ。敷地内の地面は野良猫に汚染され、それが白癬のもとになる。郵便ポストは玄関の横に一つあるだけで、患者や、スタッフ、病院宛の郵便物でよくあふれていた。つまり手紙が行方不明になるということだ。看護師たちは常にたばこを吸っていた。これはシェルトン病院中にしみこんでいるにおい、長年閉め切られ野生動物たちがやってきては糞尿をすることもあるこの場所のにおいをごまかすためでもあった。厨房には態度に問題がある食肉加工人がいる。洗濯はときどき失敗することがあるので、患者たちは普段のサイズの半分に縮んだ靴下をはかされることもあった。毎回、食事のたびにカトラリーを数えて出し、しまうときにも数えなければならない。電気刺激療法ユニットで感電死する患者がいた。病院を抜け出してパブで飲んできた患者がたまたま通りがかった看護師に襲いかかる。骨組みと屋根だけの納屋は雨漏りしている。回復した男性患者の社会復帰訓練のための中間施設ミットン・ヴィラへ向かう道は雨の日には通れない。シェルトン病院の生い茂りすぎた木々で日当たりが悪くなると近隣の家から苦情が来る。「ザ・メンタル」から患者が脱走すると、警報が鳴り、シュローズベリーじゅうからボランティアの人々が集まって、近くの野原や側溝を捜す。

「なにかが隠されているともなにか残酷なことが行われているとも感じることはな

かった」。この時期のシェルトン病院でポーター（患者などを移動させる係）として働いていた男性は語る。「でもあそこはとてもとても恐ろしい場所だった」。彼はシェルトン病院の前は鶏肉加工工場で働いていたが、シェルトン病院での仕事の方が給料がよかった。毎朝、柳細工のかごで薬を配る。「患者たちは椅子に座って、身体を前後に揺らしていて、失禁した患者たちをきれいにするために看護師たちが動き回っていた」という。ポーターはやることがあまりなかった。空き時間には地下室に行って、木製の小さな机で、一九世紀シュロップシャーの躁病や鬱病の手書きの記録を読んだ。遺体を運び出すのもポーターの仕事の一つだった。病院の死体安置所は仕立屋の反対側にあり、赤煉瓦の壁から突き出るように大理石製の死体仮置台が三基置かれていた。一ヶ月に一〇人あまりの人が亡くなっていた。一番多い死因は老衰だった。しかし数週間に一度ぐらい、浴室の窓から身を投げたり、クリケット場の横の木で首つりをしたり、脱走して車の前に飛び出して轢かれたりする者が出た。病院を出る一番多い手段は死だった。

☆

バーカーは一九六三年の夏にシェルトン病院で働きはじめた。彼が加わったのは四人の顧問医のグループで、一人で二〇〇人前後の患者を担当し、同時にシュローズベリーとその周辺の地方に担当地区を持っていた。バーカーの担当地区は北部と東部に

シェルトン病院。
（写真：ジェイムズ・マリンソン、シュロップシャー公文書館）

あった。ホイットチャーチとマーケット・ドレイトンおよびテルフォードの外来患者を診ていた。彼は精神医学界では改革派に属していた。イギリスにひしめくおびただしい数の病院は無気力状態に陥っていたが、精神医学界は六〇年代には政治改革や投薬治療の可能性や知的な雰囲気のおかげで、活発な議論が交わされる業界になっていた。バーカーはシェルトン病院の若い顧問医デヴィッド・イーノックとすぐに親しくなった。イーノックは長髪のウェールズ人で、自信に満ちていて、人を惹きつける魅力を持っていた。イーノックの父親は炭鉱夫だった。イーノック自身は精神科医としての教育を受ける前、インドとパキスタンが分離する際にインドで陸軍士官として従軍していた。彼はエセックス州にある進歩的な精神病院ランウェル病院からバーカーより一年ほど早くシェルトン病院にやってきて、その不潔さと冷淡さに驚いた。

「古株たちにこう言われたんだ。『デヴィッド、なにをやってもいい。我々を怒らせない限りはな』」とイーノックは話した。「ここでは患者は壁の向こうからやってきて、二度と出ていかないと考えられていたんだ」。イーノックは窓を開け、病院中に散らばっていた患者たちがまとめて入れるよう配置し直して使う病棟の数を減らし、全員をちゃんと管理することができるようにした。患者たちにはベッドから出ることを推奨した。患者たちが持ち物を入れるためのロッカーと、汚れる仕事を担当する者のために男性用と女性用の着替えを用意してほしいと要求した。イーノックはオスウェストリーの外来患者六四人を引き継いだ。後になって彼らのうちの多くはほぼ疾患がなく、礼儀を失しないため、彼をがっかりさせないように予約の時間にやってきているのだと気づいた。

ドーセット州のヘリソン病院でのバーカーの最後の仕事は、何百人もの長期と短期の入院患者たちを一緒に収容することだった。「彼と私は同じ熱意を持っていた」とイーノックは振り返る。二人の精神科医はシェルトンの状態を改善するためにともに働いた。彼らは投薬なしに行われる「ストレート」な電気ショック療法を徐々に廃止していった。イーノックが行う大人向けの講座はスタッフにも患者にも人気を博した。「あの病院に私たち二人がいたことで、たくさんのことが起こった」とイーノックは語る。「私と彼は互いに刺激し合った。古株たちはそのまま彼らのやり方を続けた」。一九六五年、二人は『ランセット』誌に共著の論文を発表した。国の精神衛生に関する法律の下に多くの病院がその権力を不当に行使していることを示す内容だった。その結果、二人は研究について話を聞きたいとロンドンの保健省に召喚された。彼らは重要人物になったような気分で、列車で日帰りの旅をした。

二人はイーノックが「精神医学会の蘭」と呼ぶ、非常にまれな精神病についての興味も共有していた。五〇年代の後半、バーカーはミュンヒハウゼン症候群についての博士論文を書いた。ミュンヒハウゼン症候群とは強迫観念にとらわれて、病院にかかるために病気を装ったり、自分を傷つけたりするという精神疾患で、故意に不要な手術を受けることもよくある。イーノックはまれな症状全般をテーマにした自著のミュンヒハウゼン症候群についての章への寄稿をバーカーに依頼している。これは『特殊な精神病症状集』という一九六七年刊行の本で、いまでは古典的なテキストになっている。初版では恋愛妄想（強迫的な愛情）、オセロ症候群（パートナーの裏切りを疑う妄想）、男子産褥症候群（男性がパートナーとともに妊娠を経験しているような状態になる）の症例研究など、寓話のような、おとぎ話のようなケースがおさめられている。精神が人間にどんな影響をおよぼすのかの悲しくも驚異的な例だ。バーカーの担当した章の冒頭ではアメリカの精神医学者でカンザス州トピーカのメニンガー財団の共同創立者であるカール・メニンガーの言葉が引用されている。「しかし最終的には人はみな、時間がかかるやり方でも、速いやり方でも、遅かれ早かれ、自分が選んだやり方で死ぬ」。イーノックはドストエフスキーの言葉を用いてカプグラ症候群の研究を紹介している。カプグラ症候群とは「多くの場合は近しい人物が見た目が同じ別人に入れ替わったと思い込む、珍しく興味深い症候群」である。イーノックがランウェルで診た患者は自分の妻が複製だと信じていた。

若い二人の精神科医は注目されることを楽しんでいた。特にイーノックはルックスがよく、病院の若いスタッフに人気があった。彼には電話が二台必要で、デスクの上に並べていたし、地元テレビの雑学番組「レッツ・フェイス・ファクト」にレギュラーゲストとして出演していたせいで、イングランド西部とウェールズではちょっとした有名人になっていた。シェルトンでポーターとして働き、後に医大に行って、外科医として成功した人物は「医師になりたいと思ったきっかけをあげるとしたら、デヴィッド・イーノックみたいな人をものすごく尊敬していたことだね」と語っている。バーカーも世間の注目を強く求めていた。『ランセット』誌と『ブリティッシュ・メディカル・ジャーナル』誌の投書欄に頻繁に寄稿していた。ヘリソン病院時代はケンブリッジのフルボーン精神病院との二週間の患者交換プログラムを行い、それが『サンデー・ピープル』紙に報じられた。一九六五年バーカーは製薬会社から受け取ったパンフレットとダイレクトメールのすべてを集めて重さを量り（一二キログラムだった）、『バーミンガム・ポスト』紙のカメラマンを呼んで、デスクでそれらに埋もれている写真を撮らせた。この記事は一面に載った。

イーノックはバーカーを貪欲だと思っていた頃もあるという。「喫茶店で話していたと思ったら、次の瞬間にはそのことを書きはじめているんです」とイーノックは振り返る。しかしこれは新しい実験的な精神医学をシェルトン病院のように停滞した場所に持ち込もうという大きなプロジェクトを進める中で感じた束の間のいらだちゆえだった。イーノックはバーカーが独自に関心を持っている研究テーマがあることにも気づいていた。バーカーが発表した研究のほとんどを占めるのは嫌悪療法に関するもので、これは電気ショックと催吐剤を用いて依存症やその他の好ましくない行動を治療するものだった。

バーカーがそれまでに診た患者の中には、妻の服を身につける嗜癖があり、服装倒錯者として罪に問われるのを恐れている男性がいた。バーカーが勤務していたサリー州バンフィールド病院のエンジニア二人が電流が流れるゴムマットを作り出した。入院棟の隣にあるスクリーンの後ろで、医師たちが大きな音でブザーを鳴らし、女性の服を着た男性のふくらはぎと足首に電流を流し、彼がそれを脱ぐまで流し続ける。「四日間の治療の間、この患者がこの処置を不快で耐えがたいと感じ、多大なストレスを受けていることは明らかだった」と、バーカーとその同僚たちは『ビヘイビア・リサーチ・アンド・セラピー』という医学誌で報告している。しかし治療はうまくいったようだ。バーカーは実験をしたことで、希望を持った。彼はすばらしい結果を求めていた。いつか嫌悪療法がスピード違反の運転者から肥満で悩んでいる人まで、すべての人の行動を変えるのに使われる日が来ると彼は信じていた。

シェルトンでは二階にある自分のオフィスの前に電気を流すスロットマシンを設置した。これはギャンブル依存症の患者の治療のための機械で、彼らが勝つと金が出る代わりに電気ショックが与えられるようになっていた。バーカーはもう一人の医師、メイベル・ミラーとともに、依存症患者たちが賭博場に行く様子も撮影した。その後で、依存症患者たちが元々はサルを使った実験用に作られた装置で電気ショックを与えられている間、それらの映像を流した。さらに、患者たちの家族が怒りや苦悩を語る映像も流す。

「先生は未来的なことをたくさん考えていました」。看護師のフェアリー・シーハンは語る。シェルトンの多くの人がバーカーを直接的で支配的だと感じていた。「先生は愚か者には容赦がなかった」とシーハンは言う。「あの人は誰かになにかを頼み、その人が承知したら、すぐにやってもらえると思っているんだ」。イーノックと同じようにバーカーは病院の業務が停滞しているのを利用して、自らの研究を進めていた。「いったん、たとえばなにかの療法とか、一連の治療とかをはじめると、それを絶対に最後までやり遂げるんです」。シーハンは続ける。「誰も『いまはそれをしないでください。それはできません』といさめる人がいないんです。彼は好きなようにやっていました」

しかしバーカーの権限には不安定さも隠されていた。シェルトンへの転職は性急に決められ、実質的にはキャリアダウンだった。ヘリソン病院では院長をつとめて、三八歳で病院を任されていたが、その地位にはほんの数ヶ月しか留まれなかった。ある同僚はバーカーのことを、がっしりした体格の医師で、自分のキャリアにしか関心がなく、他の医療スタッフとほとんど親交を深めようとはしなかったとだけ覚えていた。神経衰弱だったという噂もあり、軽率な行動をしがちなところもあった。バーカーはある時期に「『破裂』寸前なほどのストレス」を抱えていたと自ら語っている。シェルトンにやってきたときの彼は不安定な状態だった。体重は増減を繰り返し、目は腫れぼったい。そもそも目があまりよく見えていなかった。「シュローズベリーにやってきたときはふさぎこんだ状態だった」とイーノックは語る。「はじめて彼を見たとき、この人は盛りを過ぎているんだなと思った……『どうしてあの先生はシェルトンにやってきたんだろう』と人々は言っていたけれど。本当は、逃げてきたんだと思う」。イーノックは同じような考え方の同僚ができてとてもうれしかったので、バーカーに過去のことはなにも聞かなかった。「彼はとても有能だった。それ以上、特に知りたいとは思わなかった」

☆

アバーファンの事故についてのバーカーの呼びかけには七六通の返答が寄せられた。大惨事の二日前の夜、ランカシャーの沼地の端にある小さな村スタックステッズのJ・アーサー・テイラーという六三歳の男性はウェールズ南部のポンティプリッドにいる夢を見たという。彼はこの村にはもう何年も行っていないが、夢の中で本を買おうとしていた。そしてボタンがいくつもついた大きな機械を見つけたという。「私は今までコンピューターというものを見たことがないんだが、これはコンピューターだったのかもしれない。わからない」とテイラーは書いている。「そしてこの大きな機械のそばに立っているときにふと上を見ると、アバーファンと書いてあった。まるで黒い背景に白い文字が浮かんでいるみたいだった。数分間、それを見ていた気がする。それから私は向きを変えて、他の方向を見ると、窓越しに住む人もなく荒れ果てた家々とその周囲の様子が見えた」。テイラーはその夢で見た言葉の意味はわからなかった。大事故があったあの日、ラジオのニュースで聞くまでは。

プリマスではボタ山崩落の前の晩、降霊術会に出席していたコンスタンス・ミルダーは幻視を経験した。四七歳のミルダーは古い校舎、ウェールズ人の炭鉱夫、それに「石炭のなだれ」が山の斜面をものすごいスピードで滑り落ちて行く光景を見たと語るのを六人が目撃している。「石炭が滑り落ちている山の下には前髪の長い小さな男の子がいて、死ぬほどの恐怖の目で見ていた。それからかなり長い時間がたってから、私は救助作業がはじまったのを『見た』。あの小さな男の子は取り残されて、その後救出されたような気がする。彼は恐怖でまさに凍りついていた」。ミルダーはその後夕方のニュースでその少年を見ることになる。

ケント州ロチェスターのR・J・ウォリントンはアバーファンの災害の何日も前から、金曜日にはイギリス中に衝撃を与えるような大惨事が起こると確信していた。「それはたとえば妻の誕生日を忘れていて、前日に思い出したときのような強烈な衝撃を持って浮かんできました」。一〇月二一日に出勤したときに彼は秘書に「今日がその日だ」と言っている。

ロンドン西端にあるヒリンドンでは、三〇歳の映画技術者グレース・リチャードソンがこの週の間ずっと、断続的に続く、土のような、腐ったようなにおいに悩まされていた。彼女はこのにおいは死臭だと認識していた。大惨事の一時間ほど前、彼女は職場の隣の席にいるジョージ・ジョーダンという同僚になにか変わったにおいがしないかと訊いている。彼はなにもにおわないと答えた。学校がボタに埋もれた約一五分後、リチャードソンは椅子から飛び上がると、ショックを受けた様子で、なにか恐ろしいことが起こったと言った。「彼女は顔が真っ赤で、呼吸が激しくなっていた」。ジョーダンはバーカーへの添え書きにそう書いている。「彼女も私も、機械室にいたほかのみなも、あの大惨事についてなにも言っていなかったし、聞いてもいませんでした」

バーカーは彼が知覚者と呼ぶ、なにかを知覚した人たちに返事を書き、さらに詳しい状況を尋ね、事前に知覚していたことの証人を求めた。信頼できそうな六〇の予感のうち、二二件は七号山が動きはじめる前に口に出されていたという証拠があった。このデータによって、バーカーは予感を持つ人は珍しくはないことを確信した。左利きと同じぐらいの頻度でその辺にいるのではないかと考えたのだ。寄せられた返答の中でもアバーファンで亡くなった女の子を幻視したというエリル・メイ・ジョーンズのケースを「純粋な予感の例」と考え、プリマスで降霊術会に参加中だったコンスタンス・ミルダーが詳細に内容を述べていることに特に驚嘆している。

バーカーが医師としてとりわけ興味を惹かれたのは、精神的な症状だけでなく肉体的な症状もあったとしている七通の手紙だった。映画技師のリチャードソンをはじめ、息がつまって目が覚めたというミス・ミドルトン、大惨事に向けて二時間ごとに非常に強く明確な「波」に集中力を妨げられたというロンドン・南アメリカ銀行の調査部門で働いている女性などだった。この七通の手紙の主である男女はみな日常的に「見える」と言っていて、自分の予感存在を何年も前から自覚していた。

この七人のうちの一人、アラン・ヘンチャーは郵便局で国際電話の交換手をしていた。ヘンチャーの手紙は一〇月二九日付で、これはフェアリーの記事が掲載された翌日であるが、他の者たちの手紙が自信なげな感じか、信じてもらおうと熱心すぎる感じかのどちらかなのに、ヘンチャーだけは自分の予感についてほとんど冷淡な調子で書いていた。「自分がある種の出来事を予言できるということは認めているが、どうやって、なぜ、どのように、それができるのかはわからない」と彼は書いている。

アバーファンの大惨事の二四時間前、ヘンチャーはロンドンのブラックフライアーズ橋のほど近く、ファラデー・ビル〔一九世紀に中央郵便局が置かれた建物で、一九三三年以降国際電話の交換所として使われていた〕内のGPO（中央郵便局）の国際電話の交換台で残業をしていた。本人によると予感の前には「鋼のバンドを頭の周りに巻かれたような」ひどい頭痛が起こり、数日にわたってどんどん悪化していくことがほとんどだという。しかしアバーファンの前には前兆はなく、瞬間的に感じたのだという。

それはなんの警告もなく、突然やってきた。体中が震えだし、感覚が鈍り、仕事に集中するのが非常に難しくなった。隣の席の女性に具合が悪いのかと訊かれ、イギリス国内でなにか大きな災害が起こり、多くの人が死ぬことになる、と話した。正確な場所はいつもわからないし、このときもわからなかった（それ以来、この女性は私のことを非常に心配そうな顔で見るようになり、どうやら私に近寄らないようにしている）。

バーカーはまるでイーノックが書いた『特殊な精神病症状集』に新しい章を付け加えようとしているかのように、ある一部の人には「災害前症候群」と彼が呼ぶ状態が存在すると断定していた。彼はある人々は重大な出来事、あるいは感情が大きく動くような出来事に先だって身体的な感覚を経験する、それはちょうど双子が何百マイル離れていても、互いの痛みを感じるのと同じようなことだという学説を立てた。「これはおそらく『共感による痛みの投影』として知られている現象に近い医学的、あるいは精神医学的症候群だ」。一九六七年に刊行された心霊現象研究協会の会誌に掲載した論文に、そう書いている。「こうした症状は災害によって引き出されたある種のテレパシーの「衝撃波」によるものなのだろうか？　しかしそうであるなら、なぜ災害と同時刻でなく、前もって経験されるのだろう……。あきらかにこの「人間災害反応装置」についてはさらに非常に多くの研究が必要であり、そこにはおそらく精神医学による徹底的な調査も含まれる」

バーカーはアバーファンの予感に大きな見込みがあると考えたのだが、こうした種類の調査には困難な障害があることもよくわかっていた。他の驚くべき直感と同じように、今回の予感の例もすべて事件後に寄せられたものだ。またこの人たちが感じている仕組みそのものに関する疑問もある。原因になっているのは災害それ自体か、それとも災害が引き起こしたショックや悲しみの感情か？「アバーファンの惨事はそれに関するニュースと切り離せない」とバーカーは書いている。ではこの情報をどう使えばいい？　バーカーはこうした夢や警告が感じられたときに記録されていたとしても、人々がそれを信じたり、それに従って行動する理由はないということをわかっていた。「第一に、彼らの予感は十分に明確ではない」と彼は書いた。「そして第二に彼らには予感をしかるべき当局に伝える手段がない」。フェアリーの記事に反応して予感を報告した人の多くは純粋に話を聞いてもらえることに感謝していた。「私にとっては現実なんです！」とある銀行の調査員は書いている。「普通は話せば頭がおかし

アラン・ヘンチャーが勤務していたGPOの国際電話交換機。
（英国工業技術学会所蔵）

いと思われるような事柄について話せる機会は歓迎です」

☆

一一月二九日、アバーファンの崩落事故からちょうど一ヶ月が経った日に、事故に関する公聴会が行われ、マーサー・ティドフィル継続教育カレッジで証人への審問がはじまった。大学は低層の現代建築の建物で、町のスラム街を一掃した後の一九五二年に建てられた。審問の日は火曜日だった。イギリスじゅうに濃い霧が垂れ込め、地面は凍りつき、雪が積もっていた。パントグラス小学校での生存者である四人の教師が出席した。スーツを着た彼らは若く見えた。

アバーファンの事故の判事の質問の中にこの大惨事は予測できたかどうかというものがあった。一九三九年、つまり事故の二五年ほど前に、同じ谷の、アバーファンから南五マイルの地点で約二〇万トンの石炭くずが斜面を滑り落ちている。そのボタ山は午後一時四〇分に崩落し、カーディフの大通りが五〇〇フィートにわたって埋まってしまった。タフ川には一五フィートの深さになるほどボタが積もった。このときは驚くほど幸運なことに死者は一人もでなかったが、この事故によって一万ポンドもの修繕費がかかったので、「炭鉱くずの山の崩落」という報告書が作成されることになった。この報告書は南ウェールズじゅうの炭鉱技師の間で回覧されたが、実際に読んだ者はほとんどいなかった。

アバーファンの上の四号は一九四四年にマーサー山を一八〇〇フィートほど滑り落ちた。七号は一九六三年に一部が崩壊している。マーサー谷でボタ山が危険な崩落を三度も起こしていたのだから、炭鉱側は重大な事故が起こることを十分に予測できたはずなのだが、それぞれの崩落が長い間隔を置いて起こっているせいで、「なにも対策されないまま忘れ去られていったのだ」と法廷は結論を出した。イギリス石炭庁はアバーファンで一四四人が亡くなるまで、何百万トンにもおよぶ石炭廃棄物の置き場所を選ぶ際にも、その後それを監視する際にも手順を決めていなかった。公判中、七号の場所を決定した機械技師ジョセフ・バーカーが証人として呼ばれた。このとき彼は六三歳で、最近引退したばかりだった。彼は一四歳から炭鉱で働いていた。法廷で彼は、ボタ山は動き出すまで、安全だと見なされていたと述べた。いままでずっとこのやり方だったのだと。「ひどく間違っているというわけではないでしょう?」。弁護士は彼に質問した。「たぶんそうですね」。彼は答えた。「我々はわかっていなかった」

一九六〇年に七号について人々からクレームが入った後、バーカーは丘に登っていき、七号の前の地面に杭を数本打ち、時々それを見に行っていた。杭は徐々にスラリーに埋もれていったが、彼は特になにもしなかった。一九六三年と一九六四年、地元政府の技術者と議員たちが石炭庁に、「石炭のスラリーがパントグラス小学校の裏に漏れ出している」ことを懸念する手紙を送った。アバーファンの議員はボタ山のことは心配だったが、炭鉱の未来を脅かすようなことは言いたくなかった。死者が出るとは誰も思っていなかったのだ。村の人たちはみなボタ山の下を湧き水が流れているのを知っていた。水の流れは陸地測量部制作のこの辺りの地図に描かれていたからだ。子供たちはその水を水源とする池で遊んでいた。一九四九年、パントグラス小学校の女性校長やモイ・ロードの住民たちも含む町の人々は、丘から流れてくる水がボタのせいで濁って油っぽくなり、石炭くずで真っ黒の洪水が起こっていると炭鉱に抗議した。一九六三年の崩落で池は完全にボタの下に埋もれた。そしてそれから三年、ボタ山の先端は谷の方へと迫り出し、目撃者によると「まるで後ろから押されて崩壊しているみたいだ」った。子供たちと羊がスラリーに足をとられて動けなくなり、引っ張り出されるという出来事もあった。

　崩落事故の数ヶ月前、ボタ山で作業をしている監督が首つりの木と呼ばれている枯れ木との位置関係から、七号が二〇から三〇フィート移動していると割り出した。「下に川があるせいで沈下しているのかもしれない」。リーダーのレスリー・デイヴィスはチームにそう言った。公判でデイヴィスは町の上の丘で見たことの意味を考えるのは自分の仕事ではないと言った。「私はボタをどさっと捨てることに対してしか給料をもらっていない」と彼は言った。「それ以外にはなにも」

　アバーファンの大惨事の兆候は事前にあらゆるところに見られた。しかしこのままだとどういうことになるかを予測できるほど、それについて十分に考えたり、十分に恐れたりした者はいなかった。公判の結論の中には以下のような言葉があった。

17　知的で、公判に協力しようという意欲をもった人たちも含むたくさんの目撃者がいたが、みな目の前にあるものを気にもとめなかったとわかった。意識にのぼってこなかったのだ。鳥の生態について訊かれたモグラのようなもの。

審問の間、『ライフ』誌のカメラマンであるアメリカ人チャック・ラポポートが悲嘆に暮れるアバーファンを記録するために到着した。ラポポートは一九歳で、生後六ヶ月の息子がいた。彼はモイ・ロードのマッキントッシュ・ホテルに宿を取った。崩落事故に関する救急への最初の連絡はこのホテルから発信された。彼は部屋の窓から惨状を眺めた。村中に記者たちがいて、ありとあらゆる人々に質問をしていた。「私たちの魂に襲いかかる野生動物のようだ」。到着した日、ある老人がラポポートに語った言葉だ。エリザベス女王がこの少し前にアバーファンを訪問していた。

ラポポートはそれまでウェールズに来たことがなかった。『ライフ』誌に最後に寄稿したのは、マンハッタンの中心部の刑事たちや娼婦の射殺事件などタイムズスクエア周辺の人々に関するエッセイだった。「ウェールズというと私は、暗くて、陰気で、いつも雨が降っていて、気が滅入るようなところだというイメージを持っていたが、到着してみるとまさにその通りだった」と彼は述べている。「冬のはじめだった。滞在中に雪が降った。滞在中に雨はたくさん降った。ボタ山からなだれ落ちてきたスラリーはまだ通りに積み上がっていて、一目見ればわかった」。ラポポートはゴム長靴を買い、それを脱ぐことはほとんどなかった。ホテルの部屋は非常に寒かった。追加

のヒーターを入手して使い、建物全体のヒューズを飛ばしてしまった。彼は階下のパブで長い時間を過ごした。アバーファンの男たちがやってきておしゃべりをし、下ネタの冗談を飛ばしている。彼が見る限り、仲間内だけでいる男たちは泣いていることが多かった。「彼らは私がよそ者だと知っているから、私はその場を立ち去った」と彼は言う。

ラポポートは村の人々が二つのグループに分かれているのに気づいた。大惨事はまったく予想もつかない出来事だったという者たちと、確実に予測できたことだから、それを防げなかった自分たちを決して許せないという者たちだ。「クラブには男たちがいて……彼らは『おまえ、こんなことが起こって、俺たちの子供たちがみんな死んでしまうなんて、考えたことがあったか?』と言うだろう。彼らはそんな風に過ごしていて、とても驚いているというふうに振る舞っていた」とラポポートは振り返る。「それが一方のグループだ。もう一方はこう言う。『起こるべくして起こったんだ。春にやって来てみるといい。ボタの下から水が流れだしているから。流れ出てくる水を見ればわかるよ。このボタ山になにが含まれているかが』。彼らは分かっていたんだ」

ラポポートはアバーファン滞在中に、エリル・メイ・ジョーンズのことを聞いた。なにか黒いものが学校を埋めつくして、自分も死んでしまうという夢を見たあの少女だ。ラポポートはエリルの母親ミーガンと過ごした。ジョーンズ家は金物店を営んでいた。村の人たちはエリルの夢を崩落事故に関する自分たちの考え方に都合がいいように解釈した。ラポポートはどう考えていいかわからなかった。予言的な夢だったのかもしれない。子供が言うことだからでたらめな話で、あの朝というタイミングには特に意味がないのかもしれない。「そういう類のことは信じないというのは理解できた」とラポポートは言う。「その子は本当になにか悪いことが起こるという予感がしていたのか、単に学校をさぼりたかっただけなのかはわからない」

ラポポートがアバーファンで撮った写真は衝撃的だ。正気を失うほどの悲しみ。現地滞在中に彼はすべてを失った男性の話を聞いた。ジョン・コリンズは技術調査員であり、モイロードの自宅がなだれに押しつぶされて、妻と二人の息子が亡くなったとき、彼はカーディフで仕事をしていた。息子ピーターは家にいて、レイモンドは中学校に向かって歩いていた。彼はすべてを失った。約一ヶ月後、ラポポートは『ライフ』誌の記者ジョン・ヒックスとともに、義理の姉妹の家にいるジョン・ヒギンズに会った。コリンズは衣服も失っていたので、借り物のスーツを着て、たばこを吸っていた。

ヒックスはこの傷ついた男性にインタビューをした。ラポポートは彼の写真を撮ろうとしたが、そのまま動けなくなってしまった。「このときばかりは、彼の悲しみに触れて動けなくなってしまった」。ラポポートは述べている。「カメラを向けるのは不快な行為に思えたんだ」。しかしコリンズはラポポートをうながした。「撮ってくれ。それがあなたの仕事だ」。ラポポートはフィルム一本分コリンズを撮った。その写真は痛ましく、普通ではなかった。上に向かって伸びていくように葉の模様が描かれている壁紙。整理ダンスの上に置かれた誰かの結婚写真。顔を覆っているコリンズ。ラポポートのフォトエッセイは『ライフ』誌の一九六七年二月号に掲載された。ブリュッセルに住むアメリカ人の言語学者はこの号を買った。彼女は西側に亡命したチェコ人のスポーツ選手である夫と離婚していた。彼女はカトリックで、彼女の母はウェールズのニューポート出身だった。彼女は『ライフ』誌のコリンズの写真を見て、彼に手紙を書いた。二人は結婚し、二二年をともに過ごし、バーニスという娘ももうけた。ラポポートの写真が一つの家庭を生み出したのだ。

☆

あなたは自分の人生における偶然の役割をどう考えているだろうか？　私と妻は結婚するとき子守唄にちなんで、二羽のカササギを喜びのシンボルとして招待状に印刷した。それから私たちはカササギのことをとても意識するようになり、見かけると互いに報告しあっていた。妻はこのとき妊娠もしていた。結婚式まであと数週間という日の朝早く、家事のことや新生活への期待で頭がいっぱいになっていた私たちが寝室の窓から外を見ると、庭で静かに三羽のカササギが飛び跳ねていた。子守唄によれば、三羽のカササギは生まれてくるのが女の子だという印だ。私たちは子供の性別はすでに知らされている気がして、病院では尋ねなかった。なにか注目に値するようなことが起きたとき、その出来事と我々がそれをどう解釈するかを切り離すのは難しいことがある。時が経つうちに、最初は信じがたい出来事だったのが、生や死のストーリーに組み込まれていって、他の可能性もあるとわかっていたのが、そうだとは思えなく

アバーファンのジョン・コリンズ。
(写真：I・C・ラポポート)

なる。そのことを話すこと自体が、意味を狭め、将来の分岐を排除し、物事の進む方向を一つにする結果になる。私たちは自分たちの存在をコントロールするために意味を付け加える。それによって生きていける。他の解釈は恐ろしい。無作為だとしたら、そこにはなんの意味もない。我々の存在価値が減ってしまう。しかし実際には、我々はなにかの意味を主張するのと同じぐらい、その意味に抵抗することが多い。意味の存在を否定することによって、人生を単純化し、自分を守るのだ。我々にはそれがやってくると知るすべはなかった。どうにもできなかった。もぐらだから鳥のことはわからないと思う方が楽だ。偶然だったと思うことにしてそれ以上掘り下げようとしないのは、それもまた意味のある行動だが、それについて私たちはほとんど語ろうとしなかった。庭に降り立ったカササギは勘定に入れなかった。我々が否定したビジョンだ。関連性を認めようとしなかった。悲劇は止めることが不可能だったと考えるのと同じだ。我々はその偶然がなにかを意味しているのか、いないのか、そうやって判断しているのだろう。そしてその選択には結果的に、我々個人には答えることができない疑問が内在することになる。人は自分の人生の外から眺めることはできない。それを望まない。

　ほとんどの人がこの問題についてなんとなく気持ちの上での折り合いをつけていく。そもそもそんなことについて考えた場合だが。しかし中には偶然を偶然として放っておけなくなる人たちもいる。一九三一年一二月、ベルリンに住む若い科学ジャーナリスト、アーサー・ケストラーはカード賭博で一財産を失い、好きでもない人と寝て、車を廃車にしてしまった破滅的な一夜の後に人生を変えようと決心した。数日後、彼はドイツ共産党に入党し、全体主義の権力を描いた古典的な小説、『真昼の暗黒』を書いた。戦後、彼はイギリスに移り住んだ。バーカーが同じ問題に取り組んでいた六〇年代に、ケストラーも偶然の意味、特にいくつかの別個の出来事がかたまって起こる現象についてずっと考え続けていた。「短期間の間に大規模な不幸と小規模な不幸が押し寄せるようにして続くと、なにか象徴的な警告を表しているように見える。無言の力が袖を引いているかのように」。彼は自伝『青空に放たれた矢』のベルリンの決意の夜について述べた部分で書いている。「この無作為のメッセージに何らかの意味を見出すかどうかは自分次第だ。それを無視すればたぶんなにも起こらない。しかし重要なターニングポイントを見落とし、人生をやり直すチャンスを失っていたかもしれない」

⋆

バーカーはアバーファンについての実験を広げることにした。フェアリーの記事に続いて、他の新聞も同様の記事を掲載した。オックスフォードの精神物理学研究所も独自に災害の予知に関する情報提供を求め、二〇〇もの返答が寄せられた。バーカーはこのテーマで本を書こうと考えていた。病院で毎日長時間働き、妻ジェーンと三人の子供と暮らすバーンフィールドの家に帰宅後は一階の書斎で仕事をした。バーンフィールドはヨックルトンの村の外れの、ウェールズに通じる静かな道沿いにある。

ジェーン・ホムフレイとは一九四二年、ロンドン大学セントジョージ校医学部で出会った。バーカーは医師になるための、ジェーンは看護師になるための勉強中だった。ホムフレイ家はグロスター州の出だった。ジェーンの家系の男性はみな陸軍に入隊するか、植民地での地位に就いていた。ジェーンの父親はナイジェリアの行政官で、彼女が七歳のときに熱帯病にかかって病院で亡くなった。ジェーンは母と二人の年下のきょうだいとともにチェルトナムの近くの小さな家で育った。髪は茶色、豊かな唇をしていて、発音がきれいだった。ジェーンは看護師としての教育を受けているおかげで、バーカーの研究の話についていくことができた。夫の同僚が家にやってきたときには、夜遅くまで話につきあった。ミュンヒハウゼン症候群についてのバーカーの博士論文にある、病名のもとになったほら吹き男爵の物語の挿絵として雄鹿と桜の木をインクで描いた。彼女はバーカーをからかった。彼は彼女を笑わせた。一九六六年の冬、ジェーンは第四子を妊娠していた。彼女は日々子供たちが成長していく、いつも慌ただしい家庭を愛していた。彼らが住んでいたバーンフィールドという借家は広い、二軒続きの住宅で、近隣の農場へと続く広々とした庭があった。子供たち、ナイジェルとジョセフィンとジュリアンは庭を走り回ることができた。近所の人たちが敷地内の作業場でバイオリンを作っていた。

三年前にバーカーが突然ヘリソン病院をやめたことで夫婦の間にわだかまりが生じた。しかしシュロップシャーで彼の人生もキャリアも回復し、安定した。彼は田舎の

ジェーン・バーカー。
（バーカー家提供）

平穏さに助けられ、執筆が進んだ。予知に関するプロジェクトだけでなく、もっとオーソドックスな医学の研究にも興味を惹かれていた。九月、アバーファンの大惨事の数週間前に、BBCテレビのクルーがシェルトン病院に三日間滞在し、科学番組「トゥモローズ・ワールド」のためにギャンブル依存症についての彼の研究を取材し、撮影した。一二月にはバーカーとミラーが医学誌『パルス』で述べたあらたな嫌悪療法の症例が世界中で大きく報じられた。バーカーとミラーは匿名のミスターXという三三歳の既婚男性の婚外恋愛を治療したと報告したのだ。ミスターXは隣家の女性と恋愛関係になったので、彼の妻が浴室で入水自殺をはかったという。シェルトン病院の病棟で、バーカーとミラーは部屋を暗くして、ミスターXに彼の妻と愛人の写真を交互に見せ、手首に七〇ボルトにもおよぶ電気ショックを流す施術を三〇分間行った。「最初の施術の直後から、彼は強い罪悪感を抱き、その場に泣き崩れた」と二人は書いている。「それに続く施術はそれほどトラウマになるようなものではなかったが、どちらにしても患者に強い印象を残した」。この男性は六回の施術で「かつての愛人に完全に関心をなくした」とミラーとバーカーは述べている。二人は不倫を「普遍的で非常に興味深い問題」と捉えていて、さらなる研究をしたいと強く思っていた。

アメリカ中の新聞にこの件の記事が載った。「レバーを最後まで引く精神科医たち」『サクラメント・ビー』紙にはそう書いてある。「X夫妻にとっては良いニュースかもしれないが、昔からよくある三角関係も未来では電気技師が取り除けるものになるのだと考えると気が滅入る」。『ニューヨークタイムズ』紙のコラムニスト、ラッセル・

バーカーはそう書いた。大きな進歩と実験の時代にあって、バーカーは人がその人にとってよいものを望むように、薬や電気ショックによって問題なくプログラムし直せるのだと考えていた。「これは思春期の若者に土曜日の夜、前のように家に帰りたいと思わせるのに使えるかもしれないし、母親たちに、また皿洗いをしたいと思わせたり、父親たちに、またテレビでフットボールの試合を見るのをやめて、家族のもとに戻ろうと思わせるのにも使えるかもしれない」

バーカーはアバーファンの件に関してはできる限り世間の注目を集めたいと強く思っていた。フェアリーは新聞に書いたスクープ記事のおかげでBBCとイギリス初の民放チャンネルITVの番組でレギュラーの科学コメンテーターになっていた。バーカーとフェアリーは共同で予知について宣伝をした。一二月二日、『イブニング・スタンダード』紙に最初の記事が出てから五週間後、フェアリーとバーカーはアバーファンに関する予感を感じた人数名を、深夜テレビの二七歳のスター、デイヴィッド・フロストの番組「フロスト・プログラム」の生放送のインタビューに出演しないかと招いた。この番組は一〇時のニュースの後に週三日放送されていた。フロストは六〇年代前半に時事風刺番組の司会者として有名になった人物で、真面目なジャーナリズムに取り組むのはこれがはじめてだった。彼は昼間はチームとともにホルボーンの「テレビジョン・ハウス」という建物で仕事をし、ソーホーの「レスカルゴ」で昼食を取ってから夜の放送のためにロンドン郊外のウェンブリーパークにあるリディフュージョン・テレビのスタジオに車で向かうことがよくあった。ミス・ミドルトンと死のにおいをかいだという映画技師グレース・リチャードソンはバーカーが集めた一〇人ほどの知覚者とともに番組に招かれていた。出演のためにはるばる何百マイルも離れたところからやってくる人もいた。

バーカーもフェアリーもほとんどのアバーファンの知覚者とこの夜が初対面だった。控え室に集まっている彼らを見て、フェアリーは驚いた。「奇妙な人たち」と言ったら表現が強すぎるかもしれないが、彼らはたしかに「変わっていた」とフェアリーは後に書いている。放送開始が一〇分後に迫っているときに、フロストが控え室にやって来て、軽く会話をした後に出て行った。番組の前半、フロストは桂冠詩人〔王室の慶弔の際に、詩を書く役目の詩人〕のジョン・ベッジュマンにインタビューをしていた。バーカーと知覚者たちはコマーシャルの後に登場するはずだった。フロストが制作チームと話しているのがモニター上に映っている。コマーシャルの後、フロストはベッジュマンと話し続けた。バーカーたちは呼ばれなかった。番組の終わりには、ベッジュマンと観客たちの即興のコーナーになり、スタジオの観客が自分のお気に入りの詩を暗唱した。「四〇分間がまるであっという間のように猛スピードで過ぎた」とフロストは後に振り返っている。

放送後、フロストは舞台裏にやってきて謝罪した。バーカーはシュローズベリーに帰宅してからもまだ怒っていた。彼はイーノックにこの番組に出るためにロンドンまで行ってきたのにと話したが、行った訳は話さなかった。「彼はとても、とても、とても不機嫌でした」。イーノックは振り返る。しかしフェアリーは控え室で顔を合わせたときに、フロストが彼らを全国放送に出したくないと思う気持ちがわかったという。アバーファンはまだ人々の心に生々しい衝撃を残している。知覚者が見たものは断片的で、酷評されやすい。フェアリーはバーカーにもっと野心的で制限のないやり方を提案した。予感があったときにそれを記録し、その中から実現するものがいくつあるかを見ようというのだ。「世の中には未来のことがわかると主張する者はたくさんいるが、それはいつもその出来事が起こった後に語られる」とフェアリーは書いている。

クリスマス前の数週間、フェアリーとバーカーは彼らが「予知調査局」と名付けたものを開設するために、『イブニング・スタンダード』紙の編集者チャールズ・ウィンターに接触した。一年の間、新聞の読者から夢や予感を募集し、それをまとめておいて、世界じゅうの実際の出来事と照合するという試みだ。ウィンターはスタイリッシュで洗練された記者だった。彼は一九四六年に論説委員としてスタンダードに入社した。昔を知る人たちは彼は五〇年代の終わりに長男ジェラルドを交通事故で亡くしてから急に変わったと言う。彼は「冷淡なチャーリー（チリー）」というニックネームで呼ばれるようになり、一九五九年以降、『スタンダード』紙をロンドンの高級夕刊紙へと変貌させた。ウィンターは若いライターや編集者を雇い、彼らを厳しく監督して、原稿を送り返し、褒めるときは短くて厳しい言葉を使った（勇気ある者はときどきこれをまねして、ニュースルームにそれを貼り出したりする）。ウィンターは本当に満足したときには中指で机をたたくことが知られている。

ウィンターの新聞の中心は最新ニュースを扱うデスクと彼のオフィスのすぐ近くにある特集部門だった。時間が空いたときには将来有望なライターを連れてサヴォイにランチに行った。フェアリーのような専門記者は日々の報道業務の一部であり、ウィンターはまさにその理由であまり興味を惹かれなかった。しかしフェアリーは特別だった。彼は宇宙分野を担当していた。鋭い直感を持ち、それが時々、超人的な結果につながった。彼の記事は若い世代の読者に人気があり、彼には読者を惹きつける手腕があった。新聞の優れた編集者には同様の人たちがいるが、ウィンターも非凡なアイデアを避けないタイプだった。彼はフェアリーたちの実験を許可した。フェアリーは予知調査局用の日付スタンプを持っていた。彼は予知のために一一ポイントの評価システムを考案した。特異さが五ポイント満点、正確さは五ポイント満点、タイミングは一ポイントだ。

☆

バーカーとフェアリーは一九六七年の最初の週に予知の記録をはじめることを目標に準備していた。クリスマスが近づく頃、『イブニング・スタンダード』紙はイギリスの他の大手の新聞と同じように、湖水地方のコニストン湖で行われていたドナルド・キャンベルの水上速度記録への挑戦の取材に記者を派遣していた。キャンベルは戦後イギリスのジェット時代のアイドルだった。メーテルリンクの戯曲『青い鳥』にちなんでブルーバードという名前をつけた歴代のマシンで（すべてブルーバード号だった）地上と水上のスピード記録に挑戦していた。キャンベルは速さを追い求める止められない衝動を探検になぞらえていた。「最速の男は旅の途中で困難にあえばあうほど、それを乗り越え、理解しようと決意する。そして彼は一つずつそれをクリアしながら進み、未知の領域へと深く到達する」。キャンベルは一九五五年にそう書いている。「それは血液の中に流れていて、性質や雰囲気によって増殖する病気のようだった」

六〇年代後半になる頃には彼は典型的なヒーローになっていた。彼は強いパワーを持つ実験的な技術を用いていた。それに彼は強烈に迷信深くもあった。聖クリストファーのエナメル製のメダルを計器パネルにねじで取りつけていた。コックピットに入るときはいつも、幸運のテディ・ベア、ミスター・ウォピットを持っていった。緑色を非常に嫌っていた。一九六六年の冬、コニストン湖で彼は恐れを口にしたが、けっきょくはそれに立ち向かった。一二月一三日はよく晴れた凍てつくように寒い日だった。誰も彼がボートを出すとは思っていなかったが、キャンベルはジェットエンジン付き水中翼船「ブルバードK7」を操縦し、時速二六七マイルまでスピードを上げたところでカモメを跳ねてしまった。彼はこれを悪い前兆だと考えた。カモメとの衝突で船にはへこみができたが、彼は修理しようとしなかった。そしてテレビ局のクルーに、一九六四年にオーストラリアのエア湖の湿って不安定な砂の上をガスタービンを動力にした車で時速四〇〇マイル以上で走ったときのことを話した。車が転覆してしまうのではないかと恐れ、記録へのチャレンジをやり遂げられるかどうかも恐れていた。砂漠でじっと座っていたときに、父のイメージが浮かんできたという。一九四八年に亡くなった父もまたスピード記録を破ってきた人物だった。その父の姿がフロントガラスに映ったのだという。「心配するな。うまくいくよ、おまえ」と父は言い、キャンベルは前よりもさらに速いスピードで復路を走り通した。「好きなように解釈してくれ。私にはわからない。けれど本当に起こったことだ」。湖岸で彼は大喜びする記者たちに語った。

クリスマスの日、キャンベルはエンジニアも安全対策チームも付けず、この村に住む友人を説得してブルーバードを湖上に出すのを手伝ってもらい、一人で轟音を立てて走らせた。「サン」というパブで行われた大晦日のパーティで真夜中に記者たちのために乾杯する際にこう言った。「私が首の骨を折るのを君たちがみな待っているのを知っている」。湖が静まるのを待つ間、時間つぶしにトランプをした。数日後、この日も一日中みぞれが降り、気温は氷点下だった。その夜キャンベルはバンガローでトランプのメンバーが集まるのを待つ間、ひとり遊びのロシアン・ソリティアをしていた。カードを開けると、スペードのAの後にスペードのクイーンが続いた。彼は友人で『デイリー・エキスプレス』に記事を書いているデイヴィッド・ベンソンに、スコットランドのメアリー女王は一五八七年に首をはねられる前に同じカードを引いたと言った。彼は夜遅くまで起きていた。ベンソンはキャンベルがこう言っていたのを覚えている。「今回は死んでしまうというひどく恐ろしい予感がする。もう何日もそんな感じがしているんだ」

一夜明け、一月四日水曜日の朝になった。キャンベルはコーンフレークとブランデーをたらしたコーヒーという朝食をとった。コニストン湖は少し波立っていたが、午前八時四十分にはブルーバードが出航できるぐらいに穏やかになった。キャンベルは自身の水上のスピード記録を更新するために湖上を往復して二キロメートルを走行した。平均時速は二七六・三三マイルを上回っていた。

午前八時五〇分、予知調査局の立ち上げの記事が載った『イブニング・スタンダード』の最初の版が印刷に回った。「大惨事の夢を見たら……」というのが見出しだった。このまさに同じ時刻に、キャンベルはコニストン湖で水上スピード更新チャレンジのための二度目の一キロメートル走行で時速三二八マイルに達した。世界記録を更新し、さらに未知の領域へと到達したのだ。ブルーバードの航跡の波が静まるのを待つ時間がなく、スピードを上げたまま復路に入ると、船体は水の上でひどく跳ね始めた。宙に高く跳ね上がり、逆さまにひっくり返り、キャンベルは死亡した。午後遅くには、各新聞の一面を飛び上がったボートの写真とキャンベルの不吉なカードのエピソードが埋め尽くした。疾走中の彼の最期の言葉がラジオで流され、その録音が残っている。「やあ、へさきが上がった……さようなら」。彼はそう言い、その後、小さなため息が聞こえる。

コニストン湖。
ドナルド・キャンベルの死の瞬間。
(Bentley Archive/ Popperfoto via Getty Images)

II

予知などあり得ない。だがいつもそれは現実になる。熱力学の第二法則〔自然界は常に無秩序が増す方へと変化する〕ではそれはあり得ないとされているが、ふと母親のことを考えた一秒後にその母から電話がかかってきたりする。ある出来事が起こる前にそれを見たり、感じたりすることは人間にはできないはずだが、それにもかかわらずそれはよく身近なところで起こっているようだ。恋人や友人の死や、偶然の出会いは我々の心に前もって示される。ジョン・バージャーの小説『G.』では語り手はひげを剃っている間にふとマドリッドに住んでいる友人のことを思い、最後に会ってから一五年も経っているが、いまもし街で出会ったら、彼は自分に気づいてくれるだろうかと考えた。そして彼が階下に降りると、ポストにその友人からの長い手紙が届いていたのだ。

こうした「偶然」は珍しいものではなく、誰でも多少は経験があるものだ。こういうことにより我々は通常の時間の認識がどれだけあいまいでいいかげんかを考える。カレンダーや時計は我々の未熟な発明だ。我々の心の構造は時間の本当の性質を捉えられないようにできている。しかし我々は謎があるのを知っている。まるで暗闇にあって見えない物体のように、その表面の一部にふれている。少し知ることはできる。しかしまだそれがなんなのかわかっていない。

昔は未来を見ることは今よりもっとよくあることだった。聖書にはあちこちに預言が登場する。『サムエル記』によると「今日の預言者を昔は先見者と呼んでいた」

〔『聖書』（新共同訳）一九八八年〕。『ヨエル書』で主は「あなたたちの息子や娘は預言し／老人は夢を見、若者は幻を見る」〔『聖書』（新共同訳）一九八八年〕と言う。私はこの部分の引用を目にしたことはなかったし、『ヨエル書』のことを聞いたこともなかった。二〇一九年一一月にミス・ミドルトンの回想録の献辞で読むまでは。その次の日の朝、私が寝室に入っていったとき、ラジオからこの言葉が聞こえてきた。

予感を論理的に説明しようとしたら、それは偶然ということになる。しかしそれで納得するのは簡単ではない。我々の脳はそれに反論する。我々は何もないところにもパターンを見出したい生き物なのだ。一八世紀の後半、イマヌエル・カントは、我々の心は受動的に現実を吸収し、物事をありのままの形で受け取るものでなく、はるかに能動的に現実を構成するものだと主張した。我々は推測し、想像し、知覚したものからリアルタイムで形を作る。「対象を我々の認知に合う形に曲げねばならない」と彼は一七八七年に書いている。

カントは自分が正しいと確信していた。我々の心が世界を作っているのであり、その逆ではない、と。彼は自分を太陽でなく地球が動いていることを証明したコペルニクスになぞらえた。しかしカントの知覚理論は装飾的で証明は難しい。多くの哲学者が少なからず困惑していた。しかし一九世紀の半ば、ドイツの生理学者ヘルマン・フォン・ヘルムホルツが目に関するカントの説は正しいと主張した。ヘルムホルツは著書の『生理光学ハンドブック』の中で、我々の視覚のほとんどは光や形をそのまま処理するのではなく、こういうものが見えるだろうという「無意識の推測」によって作られていると示唆した。

時間と空間のような概念は我々の頭の中にあって、網膜に映るそのままでは部分的で静止することのない画像を系統だてて整理するのを助けている。ヘルムホルツは一八六六年の講義で、ポツダムに住んでいた幼い頃、自身が遠近法に気づいた瞬間のことを語った。「高い塔の近くを通ったときに、最上階の回廊に人々が立っていたから、私は母にあの小さなお人形を取ってほしいと言った」と彼は語った。彼はそのときはじめて、物が遠くにあればあるほど小さく見えるということに気づいた。ヘルムホルツはこうした結論はいったん理解すると、頭の中に完全に定着するだけでなく、現実そのものを形作る力を持つのだと述べた。一度知ったことは、もう取り消せない。彼はこのとき以降、もう二度と塔の上に人形があるように見えたことはなかった。「こうした感覚の性質は我々の神経システムにのみ存在し、我々の外の世界には全く存在していない」。一八七八年に彼はそう書いている。「しかしこの仕組みを理解してからも、この幻影は消えない。それが根本的で重要な真実だからだ」

我々に届けられる情報の嵐に対処していくためにはこうした幻影に頼るしかない。これには進化上明らかな利点がある。情報の断片を記憶を頼りに判断することで世界を速く移動し、その途上でのトラブルを避けることができる。なにが見えるかを予測するよりも（あそこの陰にいるのは虎か？）、保留しておいて後で結論づけるほうが安全なのだ。我々はほんのかすかなヒントからその概念、たとえば椅子、犬、鳥などを内在化する。小さな子供は公園でダックスフンドを見たとき、ほかの三五〇の犬種を覚えていなくても、リスと区別することができる。

一九九〇年代以来、ヘルムホルツは神経科学者たちに「予測的処理」の祖として言及されてきた。「予測的処理」とは人間の脳全体がこのように働いているという考え方だ。カントと同じように、この知覚の理論は経験についての古典的なモデルを覆した。世界を目や耳、皮膚の表面に触れる空気の動きを通して知るという下意上達、つまり「ボトムアップ」なやり方でなく、脳がトップダウンで脳内にある推論や信じていることや記憶や期待などを行き渡らせて知覚を決定し、それから外界からのフィードバックによってそれを修正するのだ。我々はキッチンに歩いて入っていったとき、脳が事前にそこにあると認識しているもの以外しか見ない。シンクにいるのはキツネか？　こうした驚きは「予測エラー」と呼ばれ、我々の脳は予測との間に生じたちょっとした問題を懸命に排除し、そして外界についてのあらたな解釈を作り出そうとする。「そこには完全に境界がない。意識的な経験を裏書きするものだ」。イエール大学医学部精神科の教授フィル・コーレットはそう説明する。

我々がただ知覚をしているのではなくつねに予想をしているという説のもっともよい証拠は脳のミスによって、現実を誤って解釈したときだ。ある有名な実験では被験者の両目の前にたとえば顔と家のようなそれぞれ違う画像を同時に置き、脳がその状況をどう解釈するかを調べる。我々はもともと同じ時に同じ場所には一つの物しか存在しないはずだという予断を強固に持っている（神経科学では事前知識という）。そのため我々の脳は目の前にあるそれぞれの物体を合体させて新奇なものだと判断するのではなく、二つの物が交互に現れていると解釈しがちなのだ。顔、家、顔、家という具合に。それぞれの映像が不安定な感じで焦点を結んだりずれたりし、それはもっとわかりやすい状態が戻ってくるまで続く。

統合失調症の症状である幻覚や妄想などのようなもっと深刻な錯覚は、脳が先を予測している例として説明することができる。

☆

ラジオBBCホームサービスはキャンベルがコニストン湖で亡くなった翌朝に予知調査局に関する情報を放送した。「トゥデイ」という番組が「こうした種類の予知がいま、非常に真面目に取り上げられています」と伝えたのだ。午前七時二〇分少し前に放映されたフェアリーへのインタビューの中で、『イブニング・スタンダード』紙がアバーファンの悲劇に関する明確な予知を七〇件も集め、もっと幅広くこの現象を調べるために一年間にわたる実験を開始することがイギリス中の何百万人もの人々に伝えられた。

「誰かに関する、あるいは誰かの危険に関する、あるいはご自身に関するものでも、夢やビジョンを見たり、非常に強い不安感などを感じたら、我々に電話してください」。フェアリーはそう言った。そして『イブニング・スタンダード』紙の交換台の電話番号を読み上げた。フリートストリート三〇〇〇。「それらの情報を我々は記録し、非常に注意深く取り扱い、少人数の調査チームがその予感が当たっているのかどうかを検証します」。フェアリーは続けた。ここで特定の出来事に関してたくさんのビジョンが存在すると考えているのかと訊かれたフェアリーは「ええと、変わった人や想像力がとても豊かな人からの手紙や電話がたくさん来るのだろうと思ってはいます。けれど、私は必ずしもこういう人たちを遠ざけてしまいたいとは思っていなくて、というのは想像力豊かな人の中にこそ、予知能力を本当に備えていると考えられる人がたくさんいるからです」

予知調査局は『イブニング・スタンダード』紙のニュースルームの真ん中、専門記者たちのデスクがずらりと並ぶ列の中にある、フェアリーの小さな乱雑なエリア内に設置された。フェアリーは『イブニング・スタンダード』紙に来てから一二年、自ら科学記者を名乗り、自分のデスクと本棚といくつかのファイリングキャビネットとマイクロフィッシュのビューワーを持っていた。それにジェニファー・プレストンというアシスタントがいる。彼女は数ヶ月前に『スタンダード』紙のライバル、『イブニング・ニュース』紙から転職してきたばかりだ。『イブニング・ニュース』紙は『スタンダード』紙よりも売上部数は多かったが、『スタンダード』紙よりも大衆向けで、内容は殺人事件やレース結果ばかりだった。プレストンは三〇歳で、ロンドン南部郊外のケント州との境にある閑静な地域、エルマーズ・エンドの出身だった。幼い息子が二人いて、夫マイケルはレンタルテレビの営業マンで後にミニキャブの運転手になる。一家四人でウエスト・グローブの1LDKのフラットに住んでいた。ブラックヒー

イブニング・スタンダード社のニュースルーム。
（イブニング・スタンダード／ゲッティ・イメージズ）

スの街を見下ろす荒れ果てたマナーハウスの一室で、ホラー映画のセットに使われることもあった。

プレストンはニュースルームのフロアでひときわ目を惹く存在だった。黒髪で頬骨が高く、鼻梁が高く、鼻筋が通っていた。『イブニング・ニュース』紙では特集ページの編集者のアシスタントだった。記者たちの調査を手伝ったり、インタビューをしたり、常に用事をこなし、未決事項を処理していた。たくさんのことを同時に進めていくのが彼女のやり方だ。それを冷静にやり遂げていた。「彼女は軍隊にいたらとてもよい司令官になっていただろう」と、同僚のボブ・トレバーは振り返る。プレストンは独学の人で、とどまることを知らない好奇心を持っていた。ラテン語は問題なく読めたし、植物や古代の世界に惹かれていて、地元のクリケットリーグを熱心に観戦していた。後に、家のレンガに修理が必要になったときには足場の部材を借りてきて、自分で修理した。フランスのフランシス・ミッテラン大統領とまるでそれが普通のことのように手紙のやりとりをしていた。

「母は『ごちゃごちゃ言わずにとにかくやる』精神の持ち主なんです。どんなときもぐずぐずしないんです」。娘のアラベラは語る。「自分を憐れんだりもしませんでした」。プレストンは予知調査局にまさにぴったりの人物だった。オカルトにはずっと興味があった。歩いていて、ラベンダーを売るロマがいると話しかけずにいられなかった。

バーカーはアバーファンの調査のときの知覚者と連絡を取っていたが、一般の人々の予知の連絡は『スタンダード』紙のフェアリーのデスクに届くようになっていた。彼はデスクにほとんどいなかったので、電話を記録し、手紙をファイルし、寄せられたビジョンが当てはまるできごとがないかと毎日いろいろな新聞をチェックするのはプレストンだった。彼女は予知調査局に報告された前兆を「王室」、「有名人」、「レース」、「火事」、「災害全般」などの一四のカテゴリーに分類した。予知調査局に送られたメッセージにはすべて定型の返事が送られた。

『イブニング・スタンダード』紙のミスター・ピーター・フェアリーより、ご丁寧に予感について手紙をお寄せいただいたことにお礼を申し上げます。あなたがご提供くださった情報は登録されました。一九六七年のうちにさらなる予知がありましたら、またご報告いただければと思います。

フェアリーはギャンブルが好きだった。競馬で、変わった名前や番号にインスピレーションを得て、大金を賭けたりしていた。彼はこれを心の中で行われるある種の予知だと考えていた。静かな朝、彼はプレストンが作った競馬関連の部分をじっくり眺めて勝ちそうな馬を考えるのが好きだった。

紙上では未来を予見することができるかどうかに関して、注意深く中立の立場を取っていた。「私は二つのことしか約束しない」。予知調査局が受付を開始した最初の週に彼は『イブニング・スタンダード』紙にそう書いた。「誰にも笑われたりしない。寄せられた予感は調査が終わるまで秘密にします。ただ真実だけを突き止めさせてほしい」。フェアリーは個人的には予知のメカニズムについて仮説を持っていた。人々がテレパシーという形で未来を垣間見ているのではないかと考えていたのだ。人間の思考はラジオの電波のように他の人の意識と断続的に波長を合わせることができるものだというのだ。こうした現象が本当なら、ほぼ完全に無意識の状態か、知覚する者がコントロールできない状態で起こるはずだと考えていた。

しかしフェアリーは情報を広めるプロで、それに長けていた。「人類が宇宙に行き、無事に生還した」。フェアリーは一九六一年のガガーリンの宇宙飛行を報じた朝刊の記事にそう書いた。「彼はロシアの巨大なロケットに乗って、軌道まで飛んで行った。困難に立ち向かい、耳をつんざく大音響に包まれ、けれど無事に帰還した」。フェアリーはこの一〇年の科学の進歩を英雄的で真に迫る、スリリングなトーンで述べた。彼はガガーリンのロケットの重さはロンドンの赤いバス六〇台分などのように、日常のものに関連づけて説明するのを好んでいた。彼はイギリスのトップクラスの大学や企業から才能ある科学者たちが離れていくことを表す「頭脳流出」という新語を作った。一九六二年、フェアリーは『ネイチャー』誌に掲載される、宇宙の成立についての宇宙爆発起源論（ビッグバンセオリー）を支えるケンブリッジの電波望遠鏡の計測値に基づく画期的な論文をすっぱ抜いた。『イブニング・スタンダード』紙はフェアリーのライバルたちが発見についての記者会見に詰めかけているときに、白衣を着た新聞販売員を派遣して、フェアリーの記事が一面を飾る新聞を売り歩かせた。フェアリーは毎週担当している「科学の世界」欄を使って、様々な時代（エイジ）の到来を次々と宣言していた。コンピューター時代、エレクトロニック時代、宇宙時代。レーザーや原子ロケットや超伝導や高圧物理学を歓呼して迎えた。彼は痛みについての本を書いた。「君の評判は宇宙と同じスピードで拡張しているね」。ウィンターはビッグバンのスクープの後にフェアリーに送った手紙にそう書いている。フェアリーのＢＢＣとＩＴＮなどのテレビ番組への出演は宇宙開発競争が過熱するにつれて頻繁になっていった。街を歩いていても気づかれるようになった。彼は記事を書くときはいつも頭の中である一人の架空の読者に向けて書いている。茶色のワンピースを着た労働階級の女性で、夫はトラック運転手、東ロンドンのテムズ川沿いの荒れた地域、ワッピングに住んでいる。フェアリーは後に、この人物像の原型は自身の祖母なのだと気づいた。

予知調査局の警告は、電話での伝言や丁寧に書かれた手紙や判然としない殴り書き

ピーター・フェアリー
（提供：ダンカン・フェアリー）

のメモなどの形で、『イブニング・スタンダード』紙のニュースルームという紙が散らかった騒々しい世界に届けられる。広い二階のオフィスは一〇〇台ものタイプライターの音や鳴り止まない電話のベルやリノリウムの床をこする椅子の音やデスクからデスクへと写真を吊り下げて運ぶ頭上の滑車がきしむ音でいつも騒然としていた。床は印刷機が一日に九回、地下室で印刷機が上下するたびに揺れ、壁にもたれ掛かっているメッセンジャーを呼ぶ「おーい！」という叫び声。彼らは建物の中にも外にもお使いに出された。オフィスの空気は季節に関係なく、朝から晩まで蛍光灯の熱であたためられ、たばこの煙がもうもうとし、みな息が臭く、性差別が横行していた。みな一日中、版の締切時間が近づくたびに断続的に熱狂的に集中して働いていた。さっきまで笑いながらうろうろしていた人が、次の瞬間には猛烈にタイプしまくっている。無口で理解のあるウィンターがデスクの間を静かに歩き回る。シュー・レーンにある二階のオフィスで働きはじめると、最初の六週間の間はひどい頭痛に悩まされる者が多い。そのあと、もうここでしか働けないと思うようになるのだ。

予知調査局は開設から四八時間で二〇の警告を受け取った。一件は列車事故についてだ。旅客機が大西洋に墜落すると予言したものが二件。ケンジントン・ハイ・ストリートにあるジョン・バーカー&カンパニーというデパートの天井が落下すると警告したものもあった（ここで注意したいのは、バーカーの名前は新聞には出ていないという点だ）。「我々は今後の動向を注視し……」フェアリーは一月六日付の『スタンダード』紙に書いた。実験の最初の一年で有意な結果が出れば、それを国会や英国医学研究会議に提出し、国による何らかの事前の警告システムを検討してほしいと申し立てるつもりだった。BBCの放送中にフェアリーは、予知調査局にたとえば差し迫った惨事についての同じ警告が一五件も寄せられたらどうするつもりかと質問された。「もしもある特定の出来事に対する明確な共通点がある多数の予知があったら、私は黙ってはいられないだろう」。フェアリーはそう答えた。

☆

ジークムント・フロイトはヘルムホルツの『生理光学ハンドブック』をソファの上の棚に置いていた。カントと同様に、フロイトも予測する脳の原型となる認知のモデルを提唱していた。フロイトは原初的な抑制されていない本能と、彼がイドとエゴと名付けた心の中の欲望が、現実世界との衝突を処理する際に相互に影響し合っていると述べた。我々が生まれながらに持っている予想と現実に生きている生活、つまり快楽原理と現実原理の二つを統合することは健康な精神のために欠かせない働きだ。できる限り問題なくそれを行う（神経科学者なら予測ミスを最小にすると言うだろう）のはフロイトが涅槃(ねはん)原則と呼んだ状態だ。

フロイトはオカルトについての自分の見方をはっきり決めることができなかった。一九〇九年、フロイトはカール・ユングと予知についての議論をした。ユングはフロイトよりはるかに予知に肯定的だった。二人の分析医はウィーンにあるフロイトの自宅にいた。二人の意見が分かれると、ユングは胸が奇妙に熱くなるのを感じた。「まるで横隔膜が鉄でできていて、それがものすごく熱く、白熱した天井になったようだった」。すると本棚からなにかが壊れるような音がした。二人の男は驚いて立ち上がった。ユングはこの出来事を超感覚による認知、いわゆるＥＳＰだと言った。「なんだって？」とフロイトは答えた。「そんなばかなことがあるか」。しかし彼は後でそのあたりをよく調べた。

フロイトは表向きは精神分析学が無意識の謎に注目することによって、超常現象と同じ分野を探索することになり、彼が疑わしい科学に過剰に同調しているように思われて、ひどい損害を受けてしまうかもしれないと心配していた。彼はなにか一つでもオカルト的な現象が本当にあると判明してしまうことを恐れていた。「そんなことがあったら、批判的な思想にも、決定論者の論理にも、機械論的科学にもおそるべき崩壊がやってくる」。彼は一九二四年にそう書いている。それにもかかわらず、フロイトは偶然について長い時間を費やして考えている。精神分析学者たちは無作為を好まない。物事の意味が層のように重なっていると考えたがる。しかし偶発的な出来事がない世界というのは、すべてに隠された連続性があり、あらかじめ運命づけられた人生しかない世界でもある。フロイトは混沌が存在する余地を作るために、そして超自然現象を否定するために、彼が「事件」と呼ぶ解釈のできる突発的な出来事と「偶然」と呼ぶ純粋に不可解な出来事には違いがあると主張した。

しかし彼は患者との間に経験したと信じていた無意識の心のコミュニケーションを

成り立たせていると思われるテレパシーの存在を無視することができなかった。一九世紀は技術の進歩の時代だった。電報や電話が声やメッセージをまるで心霊現象のように、それまでは超えることのできなかった距離を超えて届けられるようになった。多くの思想家と同じように、フロイトにとってテレパシーはまだ解明されていない問題というだけだった。彼はバーカーと同じイギリス心霊現象研究協会の会員だった。一九一一年の入会だった。「私はいわゆるオカルト現象の研究を非科学的で価値がなく有害だと言って、最初から拒絶してしまう人々とは違います」。一〇年後、彼はイギリスの心霊現象の研究家へレワード・キャリントンへの手紙に書いている。「もし私がいまのような科学者としての人生の終わりではなく、はじめにいたら、どんな困難があろうとも、他の分野ではなくこの分野を選んでいたでしょう」。フロイトがオカルトに傾倒したとき、近しい弟子の多くが動揺して説得しようとしたり、自分を取り戻してくださいと懇願したりした。フロイトの古くからの友人で伝記作者のアーネスト・ジョーンズはこの件全体に非常に混乱していた。一九二六年、フロイトはジョーンズを手紙で説得しようとした（そして失敗した）。「私がテレパシーを信じるかどうかは私自身の問題だとただ冷静に答えてほしい」。彼はそう書いた。「私がユダヤ系であることや、たばこが好きであることと同じように」

☆

ジョン・バーカーはある確信が他の確信によって覆い隠されてしまう社会に生きていた。バーカーの父チャーリーは会計士で、バーカーの言葉によると「きちょうめんで現実的な人」だった。チャーリーはイングランドの南沿岸のラムズゲートの寄宿学校セント・ローレンス・カレッジで教育を受けた。第一次大戦が勃発したとき、彼は三三歳だった。志願してイギリス軍の輸送機関である補給部隊に入隊した。一九一五年一月にフランスに到着し、それから三年間機甲部隊に所属し、爆撃を縫ってトラックや弾薬や食料やコーヒーを前線の兵士たちに送り届けていた。

チャーリーは二等兵として入隊し、除隊したときには大尉になっていた。速報にその勇敢さで二度名前が載った。西部戦線の多くの兵士たちと同じように、彼も戦争中に超常現象を経験していた。近代戦により大量の死者が出たフランス北部ではビジョンを見たり、奇妙な出来事がたくさん起こった。どの軍の兵士たちも空に十字架を見たり、聞こえてきた声によって命を救われたりした。自分や前線の仲間の死を予感するのも非常によくある現象だった。イギリス軍の兵士たちはそれを「呼び声」と呼んでいた。どちらの軍にもそれぞれの前触れがあった。フランス軍の兵士たちにとって、バスの夢を見るのは悪い兆しだった。だが、こうした予感は実現しないことが多い。「様々な場でのこうした虫の知らせをたくさん知っているが、それは当たるのと同じぐらいの確率で外れる」と、カナダの歩兵チャールズ・サヴェジは書いている。「しかしそう感じたとき、統計はあまり慰めにならない」。一九一七年、フランス政府発行の軍報には兵士たちに研究のため、経験した予感を送ってほしいと書いてある。

バーカーは子供の頃にチャーリーから戦争のときのオカルトの話を聞いていたが、その内容は記録していない。イギリスの兵士の間でもっともよく知られていた戦場の亡霊は「モンスの天使」と呼ばれていた。一九一四年八月二三日にモンスの戦いの退却の最中に現れた光り輝く輪郭を持つ幽霊のようなもので、弓兵に似ていたという。この弓兵たちが最初に登場したのは、『イブニング・ニュース』紙がこの戦いの一ヶ月後に刊行した小説の中だった。この小説はその後フランス中で宗教的な小冊子として再発行され、事実だと思われるようになった。一九一五年の春にはベルギーの兵士たちの中にもこの天使を見たという者たちが現れた。

イギリスに話を戻すと、降霊術者と霊媒たちは塹壕で命を落とした息子と話すチャンスを遺族に与えようと言った。アーサー・コナン・ドイルや物理学者で無線技術の草分けのオリバー・ロッジのような著名な知識人が死後の息子たちとの悲痛な会話を公表している。小説家ラドヤード・キプリングはこうしたすべてを避けていた。「これまでにあまりに多くの邪悪さや悲しみやすばらしい頭脳の破滅を見た」と彼は心霊の世界の誘惑について述べた。戦後数年のときにキプリングは大きなホールに盛装して立っている夢を見た。床の上には乱雑につなげられた石板があった。周りに人がたくさんいるように感じた。なにかの儀式に出席しているようだが、左側にいる太った男性の腹のせいでなにが行われているか見えなかった。一九二六年一〇月一九日、キプリングはウェストミンスター寺院にいた。彼が碑文を書いた百万人の戦死者の銘板の除幕式に出席していたのだ。厳粛な儀式だった。ウェストミンスター寺院はダークスーツを着た男たちでいっぱいだった。しかしキプリングは隣にいる大柄な男のせいであまりよく見えなかった。キプリングは周りを見回し、それから下を見て、静かに悟った。夢の中で見たのと同じ石の床だった。「しかしここで私は思った」。彼は後に書いている。「どうして、どのように、自分の人生の映画の未公開部分を見ていたのか？」

バーカーは一家で唯一の子供だった。チャーリーは四人きょうだいだったが、きょうだいのうちで結婚したのも、実家から独立したのも彼だけだった。バーカーの生涯を通じて、おじのセオドアとアーサーとおばのアデリーナはみな、実家であるブラックヒースのシューターズヒルの大きな家に住んでいた。セオドアは車の修理をしていた。アデリーナは絵を描いていた。彼らはまじめで精力的なキリスト教徒だった。チャーリーは除隊になると、会計士とブロムリーの車のディーラーのマネージャーの職に就き、ノラ・ハインと結婚した。ノラはベッドフォードシャーの聖職者の娘だった。二人は郊外の家が建ち並ぶ住宅地に住み、息子バーカーは地元の進学校ビックリー・ホールに通った。幼い頃のバーカーが両親とクリケットをしている写真を見ると、だだっ広く寂しい平地に彼らがいる。

一九三八年五月、バーカーはケント州の全寮制の男子校トンブリッジの奨学金を得る。少年の頃のバーカーは背が高く、スポーツマンだった。彼はラグビーに打ち込み、二〇〇ヤード走で勝った。第二次大戦が勃発したとき、彼は一五歳だった。チャーリーは陸軍に再入隊し、ベルファストに配属された。彼は家族を連れていった。バーカーは一九四一年にクイーンズ大学校ベルファストに入学し、医学を学びはじめた。この年の九月に撮られた写真に黒っぽいスーツを着てネクタイをした彼が写っている。彼はやわらかそうな唇をしていて、笑うとそれがきゅっと一本線になる。彼はベルファストで優秀な成績を収めて、一九四三年の春にケンブリッジ大学に移った。ケンブリッジでの彼の師は彼が熱心で勤勉だと感じた。「まだ未熟だが、判断力が優れていて、これから一流になるだろう」。二年生の終わりに生化学の指導教官はそう評している。バーカーはラグビークラブの幹事で、水泳もやっていた。

一九四五年の秋、バーカーはハイドパーク・コーナーにあるロンドン大学セント・ジョージ病院付属医学校で学ぶためにロンドンに戻った。大学の建物は戦後荒れて老朽化していた。バーカーは廊下が暗くて風通しが悪く、外を通り過ぎる車の音のせいで妙に静かに感じると思っていた。図書館は爆撃を受けていた。学生や管理人たちは夜遅くまで一人で仕事や勉強をしていると、突然寒気や気分の落ち込みに襲われたり、正体不明の足音を聞いたり、近くになにかがいると感じたりすることがあると言われていた。二一歳のバーカーはそうした体験談を集めはじめた。一八三〇年代に建てられた病院の看護師たちに、ウィリアムズ&マリー・テンペスト病棟の重症患者のベッドの横に現れて、死を予告する幽霊について話を聞いた。別の幽霊話では（たぶん同じ幽霊）一九二六年に患者と関係を持った後に急な階段から落ちた若い看護師の話がある。ある夜勤看護師がバーカーに語ったところによると、ふと目を上げると病棟看護師がライトの下のデスクの前に座っていて、もう一度見たら、その勤務中の病棟看護師はもういなかったという。他にも、突然身体が動かなくなり、椅子から動けないでいると足音が近づいてきて、その足音が遠ざかると動けるようになったという話も複数の人から聞いた。

ある夜、大学の外で、バーカーは同じ大学の学生である「C・P」が青ざめておびえた様子でドアから出てくるのに出会った。バーカーによるとC・Pは普段は「陽気で冷静な様子で、心霊現象すべてに対して非常に強く懐疑的」だったという。バーカーとC・Pは近くのパブに行き、二、三杯ほどの酒を飲んだ。C・Pが語ったところによると、一人で大学の図書館にいて、本棚の前に立っていたら、身体が震え、なにかが背後から自分を見下ろしているのを感じたという。なにかをこするような物音が聞こえた。まるで自分の隣にある鉄板を金属の定規で引っかいているような音だったという。そして彼は建物から走り出たのだ。「その後、彼はこのことについてほとんど語らなかったし、質問されるのも嫌そうだった」とバーカーは書いている。

数ヶ月後、バーカーは友人と二人でなにが起こるか確かめるために、遅くまで図書館にいることにした。本棚の間で起こるトラブルはジョン・ハンターという幽霊のせいだとされていた。ジョン・ハンターは一八世紀後半のカリスマ的な外科医でこの学校で教師をつとめていたが、六五歳のときに倒れて、この病院で亡くなった。ハンターは「心臓のけいれん性の障害により不定期に」片方の瞳が影響を受けていて、ストレスを感じたり、働きすぎたりすると瞳孔が急激に開いたという。ハンターは自分はいつか急な興奮のせいで命を落とすだろうと感じていた。「私の生命は、どこかのなら

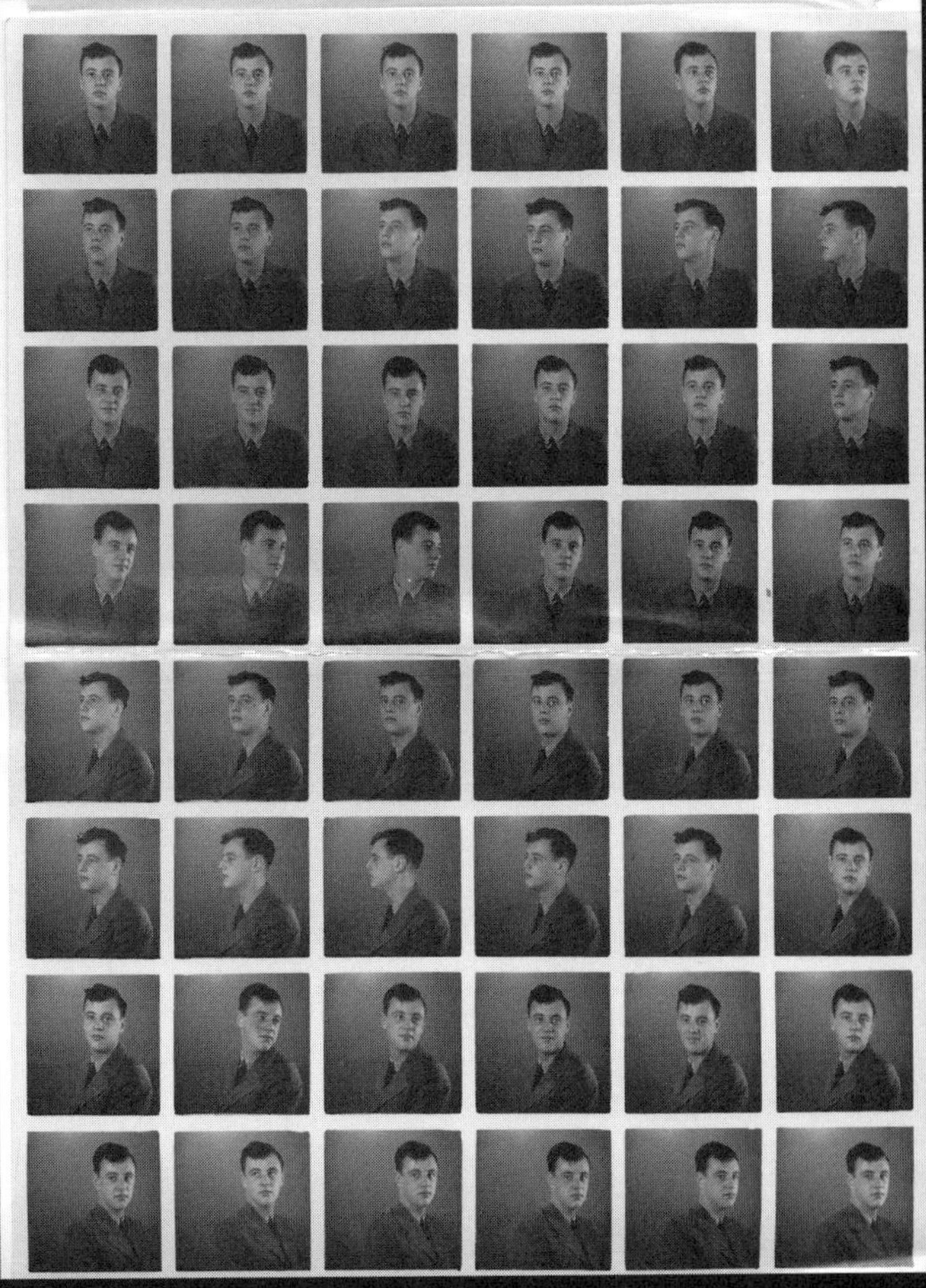

1941 年のジョン・バーカー。
（提供：バーカー家）

ず者が私を怒らせるかどうかにかかっている」と彼は言った。一七九三年の秋、外科医たちの間で論争があり、ハンターは仲裁を依頼された。一〇月一六日の朝、彼は起きると、夜の間に発掘されて部屋に運ばれてきた死体を調べ、解剖の道具を準備し、しっかりと朝食を摂り、患者を訪問するために出かけた。午後、病院の理事会の最中にハンターは突然かっとなった。「外科医たちと少し言葉のやりとりがあり、それが病気を引き起こした」と彼の弟子は書いている。ハンターは倒れて死んだ。自身の激情のせいだった。図書館でバーカーは幽霊を召喚しようとして、小さなハート型の木盤で自動筆記をするプランシェット〔コックリさんのような占い板〕で質問し、ハンターに壁から鋭い音を出す「ラップ音」で答えてもらおうとした。バーカーと友人は静かに座り、図書館の古い暖房設備のパイプが立てる断続的な物音を注意深く聞き、イエスは一回、ノーは二回として解読を試みた。「物理的にはなにも出現しなかったけれど、我々は死ぬほど怖かった」と彼は振り返っている。

調査が終わりに近づく頃、バーカーとジェーンは婚約した。一九四七年の終わり、二人は大学で女子更衣室の近くにある人気（ひとけ）のない談話室を見つけると、バーカーいわく、「和気藹々（わきあいあい）としたおしゃべり」をしようとした。部屋には他に誰もおらず、ドアは少し開いていた。三〇分後の午後一一時、ドアが突然ぱっと開いた。「まるで存在しない強い風に吹かれたようだった」とバーカーは書いている。部屋は急速に寒くなり、彼とジェーンはとてもおびえた。

私たちはすぐにその場を離れようと決め、ドアから通路へと走り出た。電灯はつけたままで、婚約者を先に行かせた。ちょうど部屋を出るときに、大きな酸素ボンベが倒れるような音が、我々がさっきまでいた部屋の中から聞こえた。

二人は通りに走り出た。それからバーカーは一人で建物に戻り、調べた。通路を手探りで進み、談話室に戻る。物音の原因があるか、あるいはなんらかのトラブルの形跡があるだろうと思っていたが、何も変わったところはなかった。「すべてが私たちが出たときのままになっていて、静まりかえっていた」。彼はほぼ二〇年後、大学の広報誌に書いたいくつかの思い出話を集めたエッセイの中に書いている。「いったいこれはどういうことだろうか？　誰、あるいはなにが我々の注意を引こうと常に働きかけてくるのだろうか？　彼らの望みはなんなのだろうか？」

☆

一九五五年八月のある土曜日、バーカーはセント・エバ病院で勤務中にやって来たばかりの若い男性を診てほしいと依頼された。セント・エバ病院はサリー州エプソム郊外にあり、一〇〇〇床ものベッドを抱える病院だ。問題の患者は二〇代の前半で、髪は黒く、はっきりした顔立ちだった。「幼く見える顔で緊張した面持ちをしていた」。バーカーは書いている。男性はハイウィコムでトラック運転手をしていると自己紹介し、身長は五フィート八インチで痩せ型だった。彼はなにか危険なものがあるかもしれないというように部屋じゅうを見回していた。

バーカーは三一歳で、精神科医の資格を取ろうとしていた。セント・エバ病院は、二〇世紀のはじめにサリー州の郊外にロンドン全域の精神病患者を受け入れるために創設された五つの大規模な病院からなるエプソム・クラスターに属していた。第一次大戦後は戦争神経症の兵士たちの治療にも使われた。問題の男性患者はミドルセックス病院の精神科からいくつかのメモが付けられただけで、診断はされずに移送されてきた。身体検査のためにベッドに横になってほしいとバーカーが言うと、男性はイライラして攻撃的になり、時間の無駄だと言った。

患者は数分間抵抗した後に、シャツをめくり上げてバーカーに上半身を見せた。そこには手術によって縦横無尽に切り開かれた跡があった。「彼の下腹部の様子には驚いた。まるで傷跡の組織のかたまりだけでできているようだった」とバーカーは書いている。背中には二〇の腰椎穿刺（ようついせんし）〔脳脊髄液を採取するための検査〕の跡を確認した。バーカーは患者が語るあいまいで込み入った病歴に耳を傾けた。「私はこのとき答えの中のいくつかは筋が通っていると本当に思った」とバーカーは振り返る。しかしバーカーはこの男性患者の身体は見たところ健康そうなのに、こんなにも多くの手術を必要としたことには首をひねった。彼が部屋を出て先輩医師に相談すると、その医師はミュンヒハウゼン症候群かもしれないと答えた。

バーカーは後に「モーリス」と呼ぶことになるその患者を入院させ、鎮静剤を与え、脱走を恐れて、一晩閉鎖病棟に収容した。日曜日の朝、バーカーがセント・エバに戻ると、モーリスは病棟の家具を壊し、看護師たちを侮辱し、叫び声をあげて、他の患者たちを夜じゅう眠らせなかった。バーカーはモーリスをもっと狭い部屋に鍵をかけて閉じ込めたが、モーリスはすぐに明かり取りの小窓から逃げ出してしまった。その日の遅くに、モーリスの父親――実際はこの父がトラック運転手だった――がセント・エバにやってきて、息子はこの数年間に数え切れないほどの病院に入院してきたと語った。数日のうちに、モーリスがチェルシーの病院に入院したがまた脱走したとバーカーは聞いた。「このときから私はこの興奮しやすく憎しみに満ちた青年のことをよく考えるようになった」。バーカーはそう書いている。彼はモーリスが患っているらしき珍しい症状、ミュンヒハウゼン症候群に以前から興味を持っていたのに、実際にそれに出会ったときに適切に対処できなかったことが悔しかった。一九五六年、バーカーは精神科医の資格を取った。それから四年の間に博士論文のために、国中の病院からミュンヒハウゼン症候群の患者を八人探し出した。これはミュンヒハウゼン症候群についてのはじめての臨床研究となった。

モーリスは論文の中でも主要な患者であることに変わりはなかった。一九五七年四月、バーカーはモーリスの父の助けを得て、モーリスをエイルズベリーの外れにある病院にまで追っていった。バーカーは同僚を連れて、予告なしで病院に行き、モーリスにいくつか心理学の検査をさせてほしいと頼んだ。面談はぎこちないものになった。モーリスはバーカーを覚えていたが、どこで会ったのかまではよくわからなかった。

モーリスが攻撃的になったので、バーカーが部屋を出なければならないときも何度かあった。それ以外のときは、バーカーはモーリスの話を聞き、その様子を眺めながら、どうして「こんな取るに足らない小柄な男」が経験豊富で熟練した医師たちを欺くことができるのだろうと考えていた。「それからこの男にこういう行動を取らせるものはなにか、なぜ彼はこれほどたくさんの手術を受けずにはいられないのか」とバーカーは書いている。「一度その原因がかなりはっきりとわかった気がしたのだが、その後、一瞬のうちにそのひらめきは頭から消えてしまった」。あるときモーリスは病院の遺体安置所での仕事に就き、落ち着いたように見えた。しかし二年後、バーカーの友人がウォンズワースの救急医療室から電話をかけてきた。モーリスがやってきて、ロンドン空港から戻ってくる途中でバスから落ちたと主張し、頭部のレントゲン写真を撮ってほしいと言っているという。バーカーはモーリスを自ら診療できるように、自分が精神科に所属しているサリー州のバンステット病院に移送する手配をした。このときバーカーはモーリスのカルテに看護スタッフのためにこう警告の言葉を書いている。「彼の言葉は一言一句信用してはならない」

それから二週間、バーカーとモーリスはほぼ毎日顔を合わせた。バーカーが出勤するとオフィスにモーリスがいる。一度の会話の中で青年の気分は何度も変わる。当時二五歳のモーリスはご機嫌を取るような態度でお願いをしてきたかと思うと、突然バーカーを挑発してけんかに持ち込もうとする。ある日、バーカーは情にほだされて、午後の外出許可を出した。モーリスは午前一時に、酔っ払って、女友達を連れて帰ってきた。そのすぐ後にトイレの窓から脱走し、三〇フィートの雨樋を伝って下に降り、ロンドンに逃亡し、頭蓋骨を骨折していると主張して、治療してくれる病院を探した。警察が彼をバンステッドに連れ戻した。

バーカーは振り返る。「この頃私は彼には前頭葉白質切截術が効果があるのではないかと思うようになった」。白質切截術はロボトミーという名前でも知られている、患者の脳の前頭葉のつながりを切断する手術だ。過激で乱暴なやり方だ。ロボトミーは五〇年代にそのやり方が野蛮であるせいと、投薬というもっと信頼のおけるあらたな治療法が可能になったことにより、急激に支持を失った。それにロボトミーが治療に有効であるとしているミュンヒハウゼン症候群に関する文献は限られていた。それでもバーカーはモーリスの場合はこの手術によって「衝動を減らし」、病院のスタッフの悩みを減らすのにも効果があるのではないかと考えていた。モーリスの両親はバーカーの言葉によると、感じのよい労働階級の夫婦で、手術に同意してくれた。モーリスはあきらかに興奮していた。「早く取りかかってくれ」、彼はバーカーにそう言った。「この一〇年間、俺はずっとそれを望んできた」。彼は頭を剃られている間、大喜びしていた。バーカーは「これは彼の死の本能（タナトス）の表れかもしれない」と書いている。

一九五九年四月二八日、モーリスの頭蓋骨の側頭部にドリルで穴が開けられ、白質切断用メスという伸長可能な刃がついた銀色の手術器具が頭蓋内に差し入れられた。プランジャーが押し下げられると、刃が開き、白質切截用メスが回転して、モーリスの脳との間の組織を切除する。バーカーは一ヶ月の間、自分が患者を治したのだと思っていた。勝ち誇った彼は一九五一年にミュンヒハウゼン症候群と命名した内分泌学者リチャード・アッシャーに手紙を書いた。アッシャーからの返事はなかった。その後、モーリスの容体は悪化しはじめた。バンステッドから失踪したり、戻ってきたりを繰り返し、何日も行方不明になることもあった。ある夜、「感情が平板化された状態」で戻ってきた。彼は「病識がなく、善悪の明確な概念もなかった」と別の医師が書いている。六月二四日、ロボトミー手術から二ヶ月も経たないうちに、モーリスはロンドン東部ロムフォードの病院に現れ、頭痛と腕の脱力を訴えた。彼は自転車事故にあったのだと主張していた。三週間後、彼は自動車を盗んだ罪でオックスフォードの刑務所に収容されていた。

バーカーはモーリスの治療を継続した。一九六二年、彼は慢性の精神疾患の患者に対するロボトミー手術に反対の立場を取っている『ランセット』誌に手紙を送った。博士論文でバーカーは二八ページにもわたって、モーリスの治療についてとミュンヒハウゼン症候群を治療する医療従事者という危険な役割をどのように果たしたか、善意の医師が患者の妄想を進行、あるいは実現させてしまうことがあるということを鋭く、自己反省的な文章で書いている。「医師の姿勢も重要だ」とバーカーは書いている。「医師は知らぬうちに患者の計画に引きずり込まれてしまうからだ」。バーカーは一九三〇年代にミュンヒハウゼン症候群を「頻回手術」、あるいは「頻回手術依存症」という名前で研究していたカンザス州のカール・メニンガーを引用している。メニンガー

- 49 -

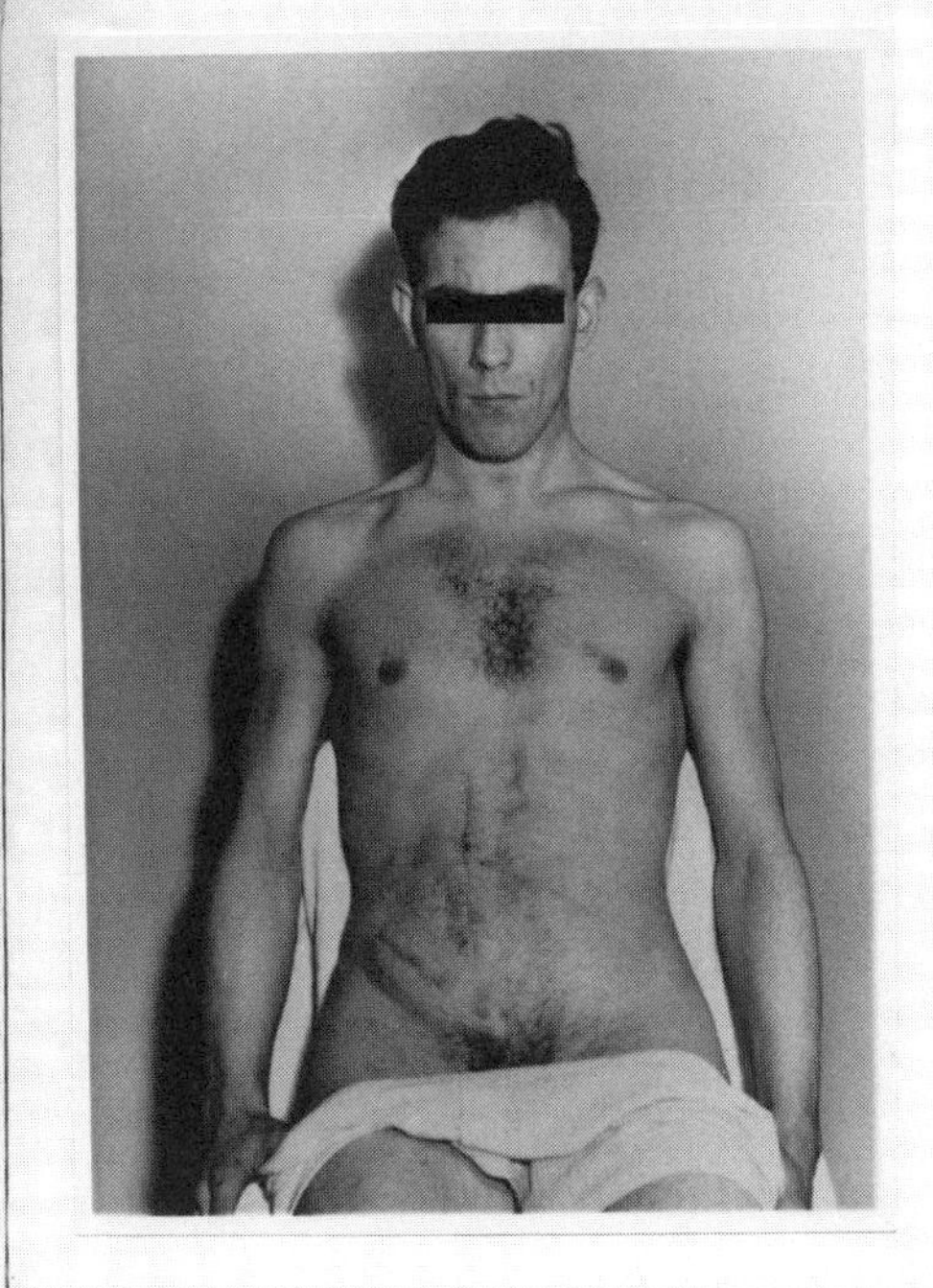

Case 1. M.H. ("Maurice").

Aged 25

"Mixed" abdominal and neurological type of Munchausen Syndrome.

(Note extensive abdominal scars - "Railroad abdomen")

「モーリス」

（提供：バーカー家）

は医師の治したい、患者の症状を理解したいという欲望は、対面する者にとって強力で触媒のような作用のある要素だと述べている。「手術を決定する際に医師の無意識の動機が目的のある意識的な決断にあわさっている」とメニンガーは書いている。バーカーはエドワード・ウェイスとオリバー・イングリッシュというフィラデルフィアの二人の精神科医の言葉も引用している。ウェイスとイングリッシュは精神身体症（心身症）のパイオニアで、ミュンヒハウゼン症候群で自らを傷つける患者と手術に積極的な医師の組み合わせは「内臓全摘出に近い」ような結果を招いてしまうと警告している。

医師や科学者たちも絶対に妄想を抱かないというわけではないし、他の人間の妄想に巻き込まれる可能性がないわけではない。我々は医師たちは高い水準の理性をもって仕事に当たっているとか、より大きな疑いを持って手術をしていると考えたがる。しかし医師は医師以外の人々よりも影響されやすいという主張もある。もっとも優秀な研究者はパターンが隠され、リスクが高い問題に取り組む。彼らは世界を解釈し直すことを渇望している。一九九八年、ハーバード大学の心理学教授ブレンダン・メーアは科学の学説を唱えるのを精神病になぞらえている。「学説の必要性は自然が我々にクイズを出すことで生まれる」と彼は書いている。「クイズが答えを要求しているのだ」

科学と狂気の違いは自分の解釈が世の中から乖離していたときに修正するかどうかだ。バーカーはモーリスの治療に失敗した後、ロボトミーを使うのをやめたが、自らの判断や自分がロボトミー手術を推奨するに至った強烈で複雑な経緯に疑問を抱くことはなかったようだ。この選択を裏付けるデータはない。むしろ正反対のデータならあった（バーカーが研究した別のミュンヒハウゼン症候群の患者もロボトミー手術を受け、効果はなかった）。この治療を本当に喜んだのはモーリスただ一人で、彼はバーカー自身が「彼の言葉は一言たりとも信じてはならない」と書いた人物なのだ。これは患者の話はよく聞こうというバーカーの医師としての人間性や世界をありのままの姿で理解しようという姿勢の表れでもある。同時に自分にしかわからない答えがあると信じているという研究者としての無防備さの表れでもある。バーカーは一九六〇年一月、モーリスのロボトミー手術の八ヶ月後に博士論文を提出した。モーリスの父親が最近訪ねてきて、息子が刑務所から釈放されたら治療を再開してほしいと言ってきたと書いている。「息子はあなたを完全に信用しています」というモーリスの父親の言葉をバーカーは引用している。彼は再び治療しようと強く決意した。「おそらく私はもう一度すべてをやり直さなければならない」

☆

バーカーには研究の影響が出てきた。彼はモーリスを治療していた五〇年代の終わりから太りはじめた。がっしりとした骨格にずっしりと肉がついた。ネクタイの上に二重顎が垂れ下がっている。朝から揚げ物を食べ、パイプをふかすのはかつての父親と同じだった。長時間仕事をし、病院にこもっていた。ドーセットで神経衰弱になった後に高血圧と診断され、健康状態と前立腺疾患の家族歴が原因で生命保険への加入を断られた。シェルトンにやってきた頃には、精神科医としての勤務歴は八年になっていた。豊かな想像力や希有な才能は日増しに陰を潜め、変化と希望のない日常に埋もれていった。病院のかなり豪華な入院棟を訪れた人が最初に目にするのは、無言の患者たちが暗い色のリノリウムの床を永遠にぴかぴかにするかのように磨き続けている様子だった。

バーカーはこの空虚さに負けないように、刺激的な分野についてのアイデアと研究を数多く発表した。バンステッド時代の一九五八年、電気けいれん療法について四二の精神病院を調査し、どんな麻酔を使っているか、どんな副作用があり得るかを質問した。この治療法に関連した致死率が〇・〇三六パーセントであると算出した。別の研究では、発作への対処で薬を飲んでいるてんかん患者の骨髄に問題が出ていないかを調べた。ヘリソン病院では患者の環境の改善に関心を抱いた。長期入院の患者と急性期の患者の病棟を統合し、男女も一緒にすることを奨励した。シェルトン病院では共著で「買い物の日」についての論文を執筆した。この日には地元のデパートがやってきて、メインホールにフィッティングルームまで備えた仮店舗を設置してくれるのだ。一九六四年のはじめ、バーカーは『ランセット』誌の投書欄に連続で掲載されている。内容は精神科医のためのあらたな公式の団体を設立（これはこの年のうちに設立される）し、往診を行う精神病院のあり方を改革するべきだと主張するものだった。

彼は患者とのほぼどんな関わりも新しい論文や注目すべき結果につながる可能性があるという信念を持ち、熱意を持って働いていた。一九六四年、かつてその症例を研究したミュンヒハウゼン症候群患者の一人で、孤児で元娼婦であり、開いた状態の安全ピンを飲み込んだ女性がロンドンでまた診察を受けようとしていることを知った。彼は彼女が一五〇マイル離れたシェルトンに入院できるように手配した。入院から二ヶ月経った頃に、バーカーはその「ミセス・BM」が目が不自由な人のためのケアホームでの清掃の仕事から逃げ出したことを知った。バーカーはイングランド中部地方じゅうの七〇もの病院にミセス・BMの人相書きを送り、ついにバーミンガムにいる彼女を見つけ、シェルトン病院に連れ戻した。翌年、バーカーは催眠療法が専門の同僚のソフィア・ルーカス医師とともに臨床ワークショップを開催し、訪れた精神科医たちの前でミセス・BMと一緒にセッションを行った。このときの記録は『アメリカ医療催眠ジャーナル』に掲載されている。

しかしシュロップシャーでは、バーカーがこれまでより自分の身体を大切にする兆しが見られた。彼は自分のたばこパイプをバーンフィールドの廊下に古いパブのビールジョッキと並べて吊るした。彼は子供たちと遊んだ。熱心に時計を蒐集しはじめた。毎正時には三つの大時計と一つの鳩時計の音が家中に響き渡った。彼は運動のためにサーフィンをはじめた。サーフィンはまだイギリスに入ってきたばかりだったが、彼は赤白二色のサーフィンボードを買って、フォード・ゼフィールの屋根の上にロープでくくりつけていた。デボン州のウーラクームに一家で休暇を過ごしに行ったときには、バーカーは一日中姿を消して、いい波を求めてニーキーに行ったり、大柄な身体をウェットスーツに包み、二〇歳は若い人ばかりなロングボードの草分けの人たちにまじって、浅いところで波に乗ろうとしている姿を子供たちに目撃されたりしていた。彼は一日の終わりには脚に切り傷を作ってホテルに戻ってくるのだ。

キャリアを重ね、子供たちが大きくなると、バーカーの人生にオカルトの入る余地はほぼなくなってくるが、それでも彼はなんとか時間を作っていた。穏やかな週末には長男のナイジェルを連れて、幽霊屋敷への旅にでかけた。ナイジェルは当時六、七歳だった。ナイジェルは車の中で待っていたがった。バーカーが家でも仕事をしていると、子供たちは廊下を行ったり来たり走り回って、バーカーが書斎から出てきてやめろというまで騒いでいた。子供たちは彼を「ダダー」と呼んでいた。書斎のドアが開いたときに、机の上に水晶の球が置かれているのを子供たちは見た。

☆

シェルトン病院にやってきてから二年後の一九六五年の夏、バーカーは『ブリティッシュ・メディカル・ジャーナル』(BMJ)誌で、カナダのラブラドールで亡くなった四三歳の女性についての手紙を読んだ。患者のミセス・ABは罠猟師の妻で子どもが五人いて、ナウスカピ川の川岸のノースウェストリバーと呼ばれる商業居住区に住んでいた。居住区は冬の間何週間もガスや電気の供給が途絶えるが、エミリー・チェンバーレインという設備が整った病院があった。川を見下ろす場所にある、緑色の壁のこの病院には、何百マイルも内陸の土地に立ち並ぶ遊動生活のイヌー族のコミュニティに犬ぞりやボートや小型の飛行機で訪問診療に行く医師たちがいた。医師たちは簡単な手術をするために年に数回居住区を訪れていた。

ミセス・ABは失禁しやすいことを訴えていたものの、それ以外は体力があり健康だった。ノースウェストリバーの罠猟師の妻たちは夫の留守の間何ヶ月も自力で暮らしている。彼女たちは薪を割り、ウズラを撃ち、衣服を作って店で売り、氷に穴を開けて釣りをする。一九六五年三月、ミセス・ABは膣壁の修復手術を行うために入院した。彼女は心配していたが、手術はうまくいったようだった。手術には一時間もかからなかった。「すべて完全に正常だった」と担当した若いイギリス人の医師ピーター・スティールはそう振り返る。しかし彼女は意識を取り戻すとすぐに左半身が痛いと言ってショック状態に陥った。血圧が急激に下がり、彼女は亡くなった。検死の結果、副腎がまれな機能不全によって大量出血を起こしていたことがわかったが、その原因となるような疾患はなにもなかった。病院側は当惑した。「驚きでした」とスティールは言う。「まるで彼女は起き上がってそのまま死んだみたいでした」

その後数日のうちに、彼女が子供のときに占い師に四三歳で死ぬといわれていたことを医師たちは知った。誕生日は先週で、彼女は手術のときに死んでしまうだろうと信じこんでいたという。スティールと同僚たちはこのケースを『BMJ』誌上で報告した。

手術の前夜、彼女は唯一この予言のことを知っている姉妹に、自分は麻酔から覚めることはないだろうと言い、当日の朝には看護師に自分は死ぬことがわかっていると言った。我々医師は彼女がこうした恐怖を抱いていることを知らなかった。

同じような状況下で死亡した患者を診たことがある読者がおられたら、情報をいただけるとありがたい。この患者の強い感情的な緊張が手術の生理的なストレスと重なったことが彼女の死になんらかの関係があるかもしれないと我々は考えている。

バーカーは興味をそそられた。一九五二年、医師の資格を取ったばかりのバーカーは、やはり自分は近いうちに死ぬと確信しているグロースターの男性を診た。その男性は四〇代前半で、街をさまよっているところを発見された。「彼は文字通り恐怖におののいていた。あれほどおびえている人を私ははじめて見た。恐怖が強すぎて、まったく会話もできなかった」。後にバーカーは書いている。「我々の問いかけに全く答えず、『俺は死ぬんだ。俺は死ぬんだ。死なせないでほしい』と叫び続けていた」。バーカーは患者の呼吸が楽になるように酸素とアミノフィリンを投与したが、入院から三〇分ほどで彼は死に、検死の結果、明確な死因はわからなかった。二年後、バーカーは胸の痛みを訴える男性に、自分は死ぬと思うかと訊いた。このことがこの患者の死を早めたのではないかとバーカーは考えている。「彼に急激な変化が表れた。彼は返事をしなかった。というよりも、二度と口をきくことはなかった」。患者はぐったりと椅子にもたれかかり、バーカーが心音を聞いていると、約一分後に死んだ。このときは検死で動脈壁が厚くなり、心臓の筋肉が弱っていたことがわかったが、決定的な死因はやはりわからなかった。

こうしたケースは医学では出来事の一部しか説明がつかない。一九四二年、ハーバード大学医学部生理学部長のウォルター・キャノンは恐怖のあまり死ぬという生物学的にありえるかもしれないメカニズムを表す「ヴードゥー教の呪い」という言葉を用いた。キャノンは交感神経系と副腎に負荷がかかりすぎると死ぬことがありえると主張した。彼はこの研究の対象を「原始的な人々」と「黒魔術」に限定した。しかしバーカーはこうした現象は西欧の社会にも存在すると考えていた。恐怖による死や予言された通りの死を迎えるという可能性は従来の科学の領域から外れているが、バーカーがもっとも興味を惹かれるのはこういうものだった。

彼はラブラドールの医師たちに連絡を取り、ミセス・ABのケースの詳細を尋ね、さらなるケースを寄せてほしいという医学誌上での告知に名を連ねている。一九六五年の秋、『BMJ』の投稿ページには恐怖によって死んだ、あるいは予言された通りのタイミングで死んだと思われる患者たちの例が掲載されていた。二一歳の母親は出産の六日後に死亡したが、これは事前に警告されていた。心臓発作を起こしたが、他に問題はなく健康だった七四歳の男性患者は自分が回復することを信じようとしなかった。彼は遺言書を作り、弁護士に手紙を書いた。よくなっていると言われると、彼は微笑んだ。「彼の状態は急速に回復していた。しかし彼は死が近いのだと信じて疑わなかった」と担当医であるロンドン北部のバーネットの医師は書いている。「入院から三週間後、彼は突然倒れ、亡くなった」

『BMJ』に掲載された手紙にはキャノンのヴードゥー教の呪いの研究に言及しているものがいくつかある。オーストラリアの精神医学者は、ボルティモアにあるジョンズ・ホプキンス大学医学部の精神生物学者カート・リッチャーが一九五〇年代に行った実験で絶望的な状況になったラットがあきらめて死ぬことを示したことに触れている。リッチャーの研究室でラットは水がいっぱいに入ったガラス瓶に入れられる。キャノンは圧倒的な恐怖の状況とアドレナリンについて書いているが、リッチャーはラットが生き延びる意志を失った、ある種のあきらめの状況を目撃している。ラットの心拍数は下がっていき、体温も下がり、呼吸は止まる。そんなにたいしたことでなくとも死んでしまうこともよくある。野生のラットはひげを刈られた後に死んだ。手で触られているだけで死んでしまうこともある。「こうしたラットの状況は逃走‐闘争反応を求めているようにはほとんど見えない。絶望のために死んだように見える」とリッチャーは書いている。「人の手で拘束されている状況も、水で満たされた瓶から逃れられない状況も、どちらもラットには身を守る手段がない」。リッチャーはラットは

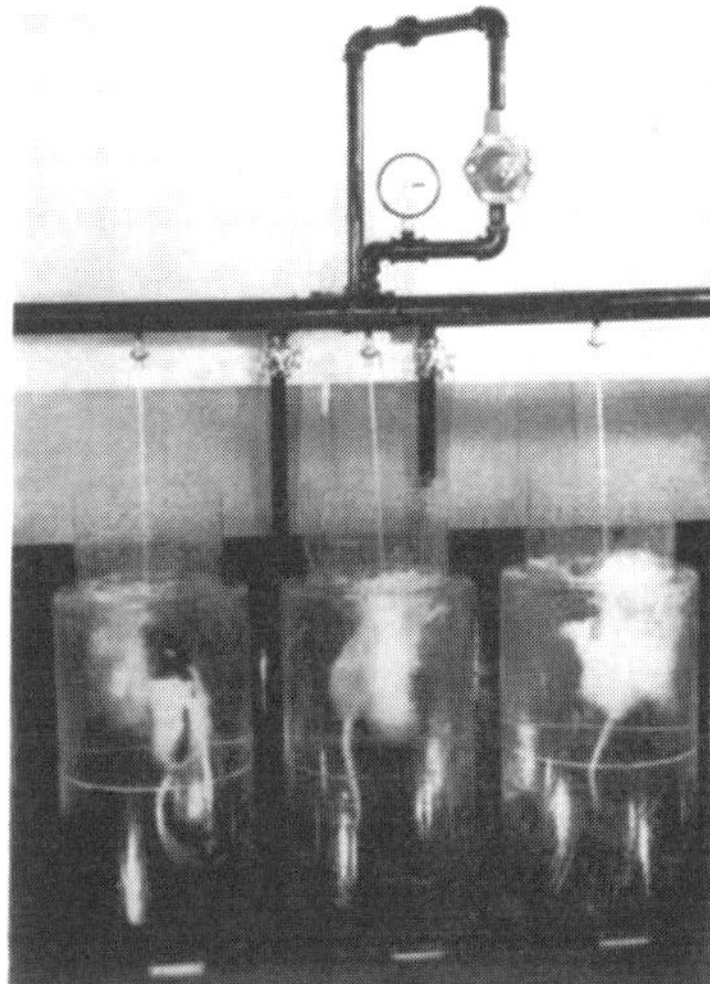

Fig. 1. Glass swimming jars, water jets, cold and hot water faucets, pressure gauge, and pressure regulator.

PSYCHOSOMATIC MEDICINE

溺れるラット

（「動物と人間における突然死の現象について」C・P・リヒター著、『心身医学』、1957年5月）

肯定的、否定的な「感情的な反応」によって生き、死ぬのだと結論づけた。リッチャーは同じ状況、瓶の中で四八時間泳がねばならない状況でも、いつかの時点ですくいあげられて、逃げられる可能性を示されると必死に生き延びることができることがわかったとしている。「絶望を取り除いてやると、ラットは死なない」とリッチャーは書いている。

『BMJ』に掲載された手紙の中でバーカーは、実際に恐怖により死んだ患者を診た体験を書いている。しかし他の医師たちが終始慎重で推論的な調子で書いているのとは異なり、バーカーの手紙は確信を持ち、論争的でさえある口調だった。彼は恐怖による死が、予知や「閾下自我」と関係している可能性があると主張した。閾下自我とはバーカーがフロイドのイドになぞらえている、時間の外にある概念だ。バーカーは他の精神科医や科学者たちが、医学の主流から外れているESPなどの概念が役割を果たしている可能性を十分に偏見のない態度で検討できていないと非難している。「ここに表れる重要だが奇異な特徴は、この分野全体に関する、科学者の一部も含む多くの人々の不真面目で無責任な態度だ」。彼は一九六五年九月一八日の『BMJ』に書いている。「現在あまり知られていない事柄は認められない傾向にあり、そのせいでどんなにたしかな証拠があっても受け入れられない。たとえば地球が平らだと信じられていた時代のように、この傾向に反する者は痛烈に攻撃される」

ラブラドールのケースがきっかけではじまった調査からバーカーはこの分野に関する著作『死ぬほどの恐怖』を書くことになり、そのために彼はアバーファンに赴くことになった。そしてフェアリーの関心を最初に惹いたのは一九六五年に医学誌に掲載された過激な調子の手紙だった。フェアリーは最近宇宙旅行に関する取材で行っていたアメリカから戻ってきたばかりで、いなかった間になにか起こっていないかと『BMJ』を見たのだ。「ちゃんとした資格を持っている医師がこうした事柄に手を出すのは普通ではない」とフェアリーは書いている。ある手紙でバーカーは占い師たちがどのようにして患者に不安になるような予言をするのかを知りたいと思っていると書いている。フェアリーはシェルトンのバーカー宛てに手紙を書き、『イブニング・スタンダード』紙の記事にしてよければ、占星術師や千里眼の人、タロット占い師との会合を手配しようと持ちかけた。

☆

一九六五年一一月、一同はトラファルガースクエアにほど近い鉄道の駅の真上にあるチャリングクロスホテルのスイートルームで顔を合わせた。フェアリーが招いたのは『スタンダード』紙の占星術師カティーナ・テオドッシュウ、ブリストルに住むアイルランド人のウィリアム・キング、チェルシーで水晶玉を使った占いをしているトム・コルベット、一九四七年にインドとパキスタンの分裂の後にイギリスにやってきて、すぐにスコットランドヤードに赴いて警察に自分の力を提供しようと持ちかけたカシミール人の学者で手相見のミール・バシールの三人だった。バーカーはシュローズベリーからシェルトンの催眠療法を研究している同僚ドクター・ルーカスとともに、重いテープレコーダーを抱えてやってきた。フェアリーはパルマハムとメロン、牛ヒレ肉、パイナップル・サプライズ〔パイナップルの果肉を使ったデザート〕という食事を用意していた。ワインもたっぷりあった。

一同が席について食事をはじめる前にバーカーは占い師たちを一人ずつ寝室に連れて行って、個別に話を聞いた。彼は研究者としてはベテランだったが、オカルトに関する研究では無頓着なところがあった。彼は対象との間に一定の線を引いて自分を守ろうとはしなかった。それは懐疑主義者のやることで、自分は懐疑主義者ではないだけだ、そう思っていた。『死ぬほどの恐怖』のための調査でも彼は一〇人以上の超能力者と会い、彼自身が死ぬ日付と原因を予言できるかどうか訊いていた。予言できたのは一人だけだった。しかし他の発言でバーカーの印象に残った占い師が何人かいた。バーカーの「趣味」――これは超常現象に関する調査のことだと彼は解釈した――と医師としての仕事が衝突するだろうと言った者が四人いた。シェルトンに来る前の彼の神経衰弱と病気を言い当てた者が一人。もう一人はバーカー自身に超自然な能力があると言い、バーカーはそれを否定しなかった。ロンドンの手相見はバーカーの手のひらにサイキッククロスが出ていると告げた。

チャリングクロスホテルでその夜バーカーは冷静で、ぶっきらぼうに近い口調で言った。「できる限り簡潔に話していただきたい。なぜならうかがいたいことはいくつもあるからです」。そしてバーカーは、千里眼のキングに向かって言った。「まず第一に、あなたは手相を見た相手の未来の病気、あるいは死さえも予言したことがありますか？」

「私は病気を予言したことがあります」。キングは慎重に言った。彼は六九歳で、少年の頃から占い師をしていた。「それから死は一度か二度ぐらいなら予言しました」

「一度か二度だけ？」とバーカーは問い返した。あまり感心していないようだった。

数分後、バーカーはキングに他の人も彼と同じような力を持てるようになると思うかと訊いた。

「はい。神が与えてくだされば」。キングはまるで何度も同じことを訊かれてきたかのように答えた。

「たとえば私も持てるかな？」とバーカーは訊いた。

「先生も超能力をお持ちです」。キングは即座に答えた。「けれどご自分ではそれをわかっていらっしゃらない」。それから彼はためらいながら言った。「あの、こんなことを言うのは申し訳ないのですが……」。キングはバーカーにテープを止めるか、話題を変えようかと言った。しかしバーカーは続けるようにと言った。

「いや、興味深い話だ」と彼は言った。その声は先ほどより柔らかくなっていた。

「先生も超能力をお持ちです」。キングは繰り返した。「それから先生はいまのお仕事に就くべきではなかった」

バーカーは同意の印に低い声で相づちを打った。

「けれど先生はお医者様としてとても優秀です」とキングは言った。

「ありがとう」

「それにとても尊敬されている。医学界に必要とされているのです」。キングは続けた。彼は早口に占い師のお決まりの語りをはじめた。「先生がご結婚していらして、六人のお子さんがいらっしゃったとしても関係ない話なのですが、全く」。彼は言った。

「時々、あなたは孤独だ。とても孤独だ」

「その通りだ」とバーカーは言った。

「そしてあなたにはその理由を知らない。精気（エーテル）のせいなのです。人生の問題は関係ないのです」

バーカーは自分の能力の可能性の話にキングを引き戻そうとした。

「しかし私もあなたと同じような力を身につけることができるだろうか？」と彼はもう一度訊いた。

「いまは無理です」とキングは答えた。「もうそのときは過ぎてしまった」

パーティは午前二時まで続いた。そのしめくくりに、フェアリーはバーカーを脇に呼んで、翌週の『イブニング・スタンダード』紙に載せる二本の記事のためのインタビューを行った。このときはアバーファンの災害の一ヶ月前だったが、バーカーはすでに恐怖により死ぬ人の問題を、ある出来事が起こる前にそれを感知することができるかどうかという問題の一部だと考えていた。

バーカーは予知について説明しようとするとき、一九三八年に心霊現象研究協会所属のハーバート・ソルトマーシュが書いた小論「予知」についてよく言及している。

二〇世紀前半の世の中には当時あらたに生まれた新奇な概念であふれかえっていた。量子物理学には飛躍的な進歩がいくつもあった。人々にはその内容はぼんやりとしか理解できなかったとしても、ある瞬間から次の瞬間へと時間が一定の方向で流れているという考えが絶対でなくなり、さらには古い神秘主義の因果説が活気づくことになった。ソルトマーシュはロンドン市の船荷取り扱い業者だったが、健康を害して早期に引退していた。「予知」で彼は完璧な例を探すために心霊現象研究協会の書庫で予知に該当すると思われる三四九件のケースを調べた。「言うまでもないが、私はまだそれを見つけていない」と彼は書いている。「予知」では予知を様々に分類し、現在の複数の説についてそれらが起こるメカニズムの説明を試みている。チャリングクロスホテルでの夜、フェアリーと話したときもバーカーは、過去、現在、未来を厳然と分ける意識的経験ともう少しあいまいな無意識的経験の違いについて語るときにソルトマーシュの小論を引用している。「私自身は、時間についての概念全体を明確にする必要があると考えている」

こうした考えには様々なバージョンがある。バーカーは近代の精神医学の祖の一人である一九世紀末のウィリアム・ジェームズの「見かけ上の現在」という概念を引用し、ある瞬間に起こることに関する感覚を我々がどのように知覚するかを説明した。彼はフェアリーに、自分の意見では、我々の意識上の心には「見かけ上の現在」が一つあり、それはいま現在の前後の数瞬にひろがっていて、一方で無意識ではさらに未来まで続く長い現在があるかもしれないと説明した。「私の『見かけ上の現在』が正午から正午一秒過ぎまでだったとすると、それが私の意識だ」。バーカーは言った。「そして今度は私の無意識の『見かけ上の現在』が正午から午後一時までにもおよんでいるとする。午後一時までに起こったすべてのことは無意識の心にとっては現在の出来事であるから、いまわかるのだ」。バーカーは生きているうちに死をすでに垣間見ていたとしたら、人はそれをどのように感じるだろうかと考えていた。

☆

イギリスの人々のビジョンを収集しようと試みたのは予知調査局がはじめてではなかった。一九二〇年代の後半、飛行機の設計士ジョン・ウィリアムス・ダンは『時間をめぐる実験』という本を書いた。この本は自身の予知夢の記録とともに、相対性理論と量子物理学についての議論にも触れたもので、人気を博した。一九〇二年、ダンはボーア戦争に従軍する若き兵士で、フランスの植民地の島の火山が噴火寸前になっていて、この噴火で四千人が死ぬ夢を見た。数週間後、『デイリー・テレグラフ』紙を手に入れると、そこにはカリブ海に浮かぶマルティニク諸島にあるプレー山が噴火して数千人の死者が出たと報じていた。自分の夢が活字になっていたのを読んだのだ。「全くその通りだった」とダンは振り返っている。

彼は長年、取るに足らないものもとてつもないものも、様々な予知のビジョンを見ていた。ダンの返答はドライなものだ。「自分が変人かもしれないと思うことに多大な喜びを感じられる人間はいない」。第一次大戦の終わり頃には、ダンは旧来の時間の流れを崩壊させるかもしれない量子力学の進歩に心を慰められた。「それは、すでに新展開を目前に控えている」と彼は書いた。「現代の科学はその段階に入った。そして次はどうするかと考えている」

ダンは時間の仕組みに関して自説があり、「継起説」というその説は難解だが、『時間をめぐる実験』の何千人もの読者に夢日記をつけさせて、自分の予感が現実になるかどうかをたしかめるよう勧めた点で、大きな影響をおよぼした。彼は重大な出来事だけでなく、未来の些細な事柄がぱっと思い浮かぶことにも注意を払うべきだと言った。彼はいつも行くクラブの図書室に座って、小説を一冊選び、主人公の名前だけを見ると、思い浮かんだイメージや考えを書きとめ、それからその筋書きが当たっているかどうかを確認するのが好きだった。ある日、ダンはクリケット選手から転身した人気作家J・C・スネイスの本を手に取ったが、真っ黒で完全にまっすぐな傘がピカデリーホテルの外の舗道に、持ち手を下にして垂直に立っているという奇妙なイメージしか浮かんでこなかった。翌日、ダンはバスに乗っていて、気づくとピカデリーホテルに近づいていた。そしてそこを歩いている人物に気がついた。

それは年老いた婦人で、ヴィクトリア朝のかなり初期のような黒い衣装に、つばが広いポークボンネットをかぶるという奇妙な服装をしていた。彼女は傘を持っていて、その持ち手にはなにも飾りがなく、傘の主軸を延長しただけの細くて磨かれてもいないものだった……彼女はこの傘をもちろん閉じたまま、杖のように使い、巡礼者のように握っていた。ただし上下逆さまに。彼女は石突きの方をつかんで、ホテルの方に向かって、持ち手で舗道をとんとんとたたくようにしながら進んでいった。

ダンの著作はイギリスで人気があったが、ヨーロッパの別の地域では予知夢が二〇世紀の物理学と精神医学への関心を抱かせることになった。一九三三年、ナチスが政権を握った直後から、ベルリンに住むユダヤ人ジャーナリスト、シャルロッテ・ベラートはひそかにドイツ市民の夢を書き留めていた。ヒトラーが首相に選ばれた三日後、ある工場主はヨーゼフ・ゲッベルスが視察にきている間、手を上げて敬礼をしようとして半時間も激しく苦しむ夢を見た。三〇歳の女性は近所の通りの標識がすべて、口に出すことを禁じられた二〇の言葉のリストのポスターに変わっている夢を見た。リストの最初は「主」で最後は「私」だった。この女性は後に、オペラ『魔笛』の上演中に、パパゲーノとモノスタトスが歌った「悪魔」という言葉からヒトラーを連想したと、「電気じかけで、迷路のようにワイヤーがはりめぐらされている」思考を読む機械が記録したために、警察に連行される夢を見た。ベラートは三百ほどの夢を集めた。その多くには官僚主義的な馬鹿馬鹿しさが含まれていた。「壁の廃止についての今月一七番目の命令」、「今も残るブルジョワ的な傾向を禁止する規定」。これらはこの政権が全体主義を目指すことを予見している。あるユダヤ人弁護士は「ユダヤ人がまだ寛容に扱われる地球上最後の国」にたどり着こうとラップランドを横断しているが、国境の役人が微笑みながら彼のパスポートを雪の中に投げ捨てるという夢を見た。魅惑の安全地帯にはたどり着くことができなかった。彼がこの夢を見たのはまだ一九三五年だった。

ベラートはメモを友人に郵送したり、本に挟んだりして隠し、戦後になってから刊行した。その『第三帝国の夢』で彼女はこれら「夜の日記」が「政治的な出来事が精神におよぼすごくわずかな影響を地震計のように記録」しているようだと書いている。これらの記録は加工されておらず、後知恵に影響されてもいないので、本物の予言であるかもしれない。「夢で見るイメージはこのように、現実が悪夢のようになる寸前の構造を示す助けになっているかもしれない」。ベラートはそう書いている。

一九四〇年、イギリスがドイツにより侵略の危機にあったときに、脚本家J・B・プリーストリーはいつも通り日曜日の夜のラジオの「ポストスクリプト（後書き）」というトーク番組に出演した。イギリス国民の三分の一が聴いている番組だった。プリーストリーはブラッドフォードの出身だった。彼は鳥の鳴き声を書き留めたとりとめのないメモや海辺への日帰り旅行の話から、愛国的な熱い思いを表現した。彼はダンの信奉者でもあった。プリーストリーは自ら「時間の問題に取り憑かれている」と言っている。一九三〇年代のはじめ、彼はアメリカの西部を旅行した。ある朝早く、グランドキャニオンの南側の崖で彼は手すりの近くに立っていた。辺りの景色は霧に包まれて見えなかった。突然霧が晴れると、きらきらと鮮やかな色が見え、プリーストリーは手すりや空や渓谷の景色に見覚えがあるのに気づいた。何年も前に鮮やかな夢で見たのだ（夢の中で彼は劇場の観客席に座っていて、幕が上がると、このときとまったく同じ景色が見えたのだという）。『時間とコンウェー一家』や後の『夜の来訪者』などのプリーストリーの戯曲には時間の問題に対する彼のこだわりが表れている。彼はユングのシンクロニシティに関する考えを英語圏の人々に紹介した。それは、出来事は因果関係よりもその意味によって関連付けられるべきだと主張するものだった。

一九六三年三月、バーカーがシェルトンにやってくる数ヶ月前、プリーストリーはBBCの芸術番組「モニター」に出演し、時間について語った。彼はこのとき七〇歳近くなっていて、イギリス中で愛されていた。彼は時間の経過の仕組みをさまざまな文献を読み込んで示した。我々の人生は一秒ごとに容赦なく死に向かって進んでいくものであり、資本主義の消費は知的には無駄であるというものだ。「いまこの瞬間は最終的な忘却の時へと向かう小さな一歩に過ぎないのだから、あまり意味はない」。プリーストリーは『人間と時間』というエッセイに書いた。「すべては愚か者によって語られる物語なのだ」

プリーストリーはどれほど昔から、西欧以外の文化が時間に関してより洗練された概念を率直に受け入れてきたかに感銘を受けた。彼は現在という時間の三つのモデル（現在、無意識の現在、集合無意識の現在）はユングと精神的な概念の融合であると主張していて、それはバーカーの持論と遠くはなかった。プリーストリーは現代的解釈の時間の中で生きていくのは両端がほつれたロープの上でバランスを取っているようなものだと述べた。科学界では時間は惑星レベルでは相対性により、原子未満のレベルでは量子物理学により、どちらも先のことは予測できない。それではなぜ時間は人間の生涯を通じてやむことなく、常に流れ続けているのか？　プリーストリーは「人間がこれまでに抱いてきた時間に関する最悪の概念で支配された世界」を描いた。『人間と時間』はある部分は自伝であり、ある部分は宣言だった。彼は社会全体に「無へと容赦なく進むベルトコンベア」から降りるようにと懇願している。一九六三年、BBCの放送中にインタビューワーのフー・ウェルドンが視聴者に自らの超常現象体験を送るようにと呼びかけた。プリーストリーは一五〇〇通の手紙を受け取り、そのうちの三分の一ほどはダンの信奉者からのもののようだった。

☆

バーカーは予知調査局をこれまでのような単なるエピソードを集めるだけのものにしたくなかった。アバーファンのデータにより、彼はもはや予知の存在を証明する必要はなくなったと考えた。実験に入って二ヶ月めの一九六七年一月、バーカーはメディカルニュースの記事で、超心理学記録簿には一万以上の出来事の記録があると主張した。「そのかわりに我々はさらなる大惨事を防ぐためにこの記録を管理し、利用することを試みはじめなければならない」と彼は書いている。

ナチス支配下のドイツで市民の夢を収集したベラートと同じように、バーカーも集合的無意識下の深層で行われている心の働きを地震計にたとえている。彼はまだ探知できていない予告を捉えられる感度の高い装置がほしいと思っていた。彼は予知調査局を「一般の人々が予知、特に将来の大災害につながると感じるようなものを手紙や電話でいつでも知らせることができる中央情報センターのようなところ」にまで成長させることを考えていた。将来的には、予知調査局はイギリスじゅうの夢やビジョンのデータバンク――バーカーは「予知データ群」と呼んでいた――になり、受け取ったビジョンをもとに警告を発するのだ。

理想的にはこのシステムはコンピューターに接続される必要がある。些細な情報、紛らわしい情報、誤った情報を取り除くのを助けるためだ……これを実行し、その災害の性質や日時や場所を示唆するパターンやピークを探知して、公式に早期の警告を発することができるようにするべきだ。

「特に初期の段階では、運営側の経験が足りないので、間違った警告がたくさん出てしまうかもしれない」とバーカーは認めている。彼は予知調査局は旧約聖書のヨナを悩ませた窮地のようなものに直面するかもしれないと認識していた。神はヨナにニネヴェの滅亡を預言するよう依頼した。しかしヨナはニネヴェの人々が彼の警告を信じて悔い改めたら、神が彼らを赦すと話す。人々は本当に悔い改め、ニネヴェは滅亡しなかった。その結果、ヨナの預言は間違っていたことになり、彼は愚か者のように思われた。混乱し、恥じたヨナは逃げだし、鯨に飲み込まれることになった。

災厄が回避されたら、そもそもそれを事前に予告するビジョンも発生しないのではないか？ 「理論上は災害が起こらないなら予知もないはずだ」とバーカーは認めている。しかしやってみる価値はある。過去に予知が災害を回避する助けになったと思われる例はたくさんある。「たった一つでも大規模な惨事をこの方法で防ぐことができると示せたら、この研究が正しかったことが十分に示される。たぶん永遠に」

☆

最初の大きな当たりが出たのは一九六七年の春だった。三月二一日午前六時、バーンフィールドのダイニンググルームの電話が鳴った。バーカーが階下に降りてきて、電話に出た。予知調査局の知覚者の一人、郵便局の交換手アラン・ヘンチャーからの電話だった。彼はミス・ミドルトンと同じように、大災害の前に身体になんらかの感覚を感じると言っていた。

「あなたにお電話することがなければいいと思っていました」とヘンチャーは言った。「けれどいま、しなければならないと感じたのです」

ヘンチャーは夜勤明けで、飛行機事故の予知を知らせるために電話してきたのだ。バーカーはシェルトン病院のレターヘッドの付いた紙にメモを取った。ヘンチャーは動揺していた。フランス製の旅客機カラヴェルに離陸直後に問題が起こるというビジョンを見たという。「山々の上を飛んでいるときだ。無線でトラブルを連絡する。それから急になにも見えなくなって――なにもかもだ」。ヘンチャーは旅客機には一二三人か一二四人が乗っていて(「一二四人だと?」とバーカーはメモに書いている)、生存者は一名だけで、その一名も重傷だと語った。ヘンチャーには墜落現場がどこかはわからなかったが、この二、三日の間ずっとこの感覚があるという。まるで飛行機に乗っている誰かが自分に知らせようとしているみたいだと感じていた。彼らはなんとか解決しようとしているようだと。「こうしてあなたに話しているいま、キリストのビジョンが見えている」とヘンチャーはバーカーに語った。二つのキリスト像が見え、続いて光がチカチカと明滅し、墜落事故が起こるという。バーカーのメモは紙の下まで達し、さらに隅の方にまで書いてある。紙の裏側には後でもっと詳しく聞くためにヘンチャーに電話をかけると書いてあるが、実際にはかけていない。

火曜日の朝、夜明けの一時間ほど前だった。バーカーはすでに落ち着かない状態だった。前日、バーミンガムの地域保健委員会に召喚され、彼の仕事が世間の注目を集めすぎていることについてシェルトンの院長ドクター・リトルジョンに叱責された。前年の一二月にバーカーが電気ショック療法でミスター・Xの不倫を治したとするケースがイギリスのタブロイド紙の想像力をかきたててしまったのだ。日曜新聞『ピープル』はバーカーの患者である、シュローズベリー在住のカンドリン夫妻の特定に成功し、彼らに一〇〇〇ポンドを払って取材に応じてもらった。バーカーは『ピープル』

1967年3月21日、アラン・ヘンチャーの飛行機事故予知を聞いた際のバーカーのメモ。

（ケンブリッジ大学所蔵、心霊現象研究協会資料）。

への協力を拒んだが、その結果、自宅に記者たちが押しかけてきたので、地域保健委員会からインタビューに応じるよう助言された。しかしバーカーの治療法をセンセーショナルに書いた記事が発表され、「ピープル」では三週連続で特集され、ＩＴＶでは三月はじめのニュースで特集されると、リトルジョンは激怒した。バーカーは院長に馘を宣告されるのではないかとおびえた。

バーミンガムの会議でバーカーに規則違反はなかったと疑いは晴れた。しかし彼はこの機会にリトルジョンと地元ＮＨＳの委員たちに、いま行っている他の研究について話しておいた。彼ははじめて、上役たちに『死ぬほどの恐怖』（出版社に内容の要約を渡したばかりだった）と予知調査局のことを話した。

「リトルジョンはなにも言わなかった」。バーカーは数日後に送った医療専門の弁護士に助言を求める手紙に書いている。嫌悪療法の話には共感を示していたＮＨＳの委員たちは警戒しはじめた。本は匿名で刊行し、予知調査局に関わるときはどんな場合も名前を出さないようにしなければならない、さもなければ職を失うことになるとバーカーは宣告された。

「私はどうしたらいい？　自ら進んで罠に入るべきか？」。バーカーは弁護士にそう訊いている。彼は自分が困った状況に追い込まれつつあるのがわかっていた。このまま進めば研究と既存の精神医学の境界との板挟みになり、シェルトンで批判にさらされて息が詰まるような思いをするだろう。一九六三年、バーカーとイーノックはそれぞれの研究論文と他人の論文に関する投稿を発表前に自分に提出するようにとリトルジョンに言い渡された。若い二人の医師はそれを拒否した。「ドクター・リトルジョンは不満で、自分はのけ者にされていると言っていた」とバーカーは書いている。彼は老人の嫉妬だと考えていたのだ。

バーカーは出版に関して変更ができるかどうかわからなかったし、フェアリーに、自分としては不本意だけれど仕方ないから予知調査局での情報収集をやめると言い出せるとも思えなかった。弁護士宛の手紙では、研究説明の部分は壮大な調子で書かれている。医師が空いた時間に行っているマニア的な研究というよりも、重大な出来事に突き動かされているというようなトーンで書かれている。「私は仕事に十分な関心を持ち、成功もしてきた」と彼は書いている。バーカーによると、出版社はすでに『死ぬほどの恐怖』を一九六八年の〝めだま〟の本の一冊にすると決めているとのことだった。「それによりかなりの周知効果がある」。バーカーはアバーファンについての研究について、「現時点では、予知についてのもっとも重要で、おそらくもっとも大規模な研究」と書いている。一方で予知調査局は完全に自分のアイデアであり、アバーファンの研究から導き出された「論理的な結論」だという。電話や手紙は毎日来ていた。「いつなんどき、大災害が予測されるかもしれない」とバーカーは書いている。リトルジョンや病院の理事たちがどれほどの力を持っているのか、彼には計りがたかった。バーミンガムの会議は一時間ほどかかった。「終わった後、私は疲労困憊し、倒れそうだった」とバーカーは書いている。彼はドーセットを後にしたときの忘れられないつらさを思い起こしている。

その朝、ヘンチャーからの電話で起こされた後、彼はこの予知のことを『イブニング・スタンダード』紙に連絡した。それからの数週間、彼は職務外の研究を控えようという動きも、自身に注目を集めないようにしようという動きもしていない。四月一一日、フェアリーはBBC2のトーク番組「レイト・ナイト・ラインナップ」に予知調査局について告知するために出演した。九日後、一三〇人の乗客・乗員を乗せたターボプロペラエンジン搭載の旅客機ブリタニア号が雷と嵐のなか、キプロスのニコシアに着陸しようとした。この旅客機はスイスの低価格チャーター便の新会社グローブ航空の所属で、バンコクからバーゼルへの復路の途中であり、乗客のほとんどは休暇旅行中のスイス人とドイツ人だった。インドで給油をし、最終目的地の前にカイロに立ち寄ったが、バーゼル空港は激しい雨のために閉鎖していると告げられる。フライトプランでは代わりの着陸地としてベイルートを指示していたが、マイケル・ムラーというイギリス人のパイロットは、悪天候にもかかわらずキプロスに予定外の着陸をすることを決意する。

キプロスに到着する頃には、旅客機はもう一〇時間近く飛んでいた。ムラーと副操縦士は規定の操縦時間の上限を三時間近く超えていた。午後一一時一〇分、旅客機はニコシア空港から着陸許可を得るが、少し高度が上がりすぎていた。ムラーは一度旋回して、着陸を再試行する許可を求める。管制塔からは、低い雲の中で着陸ライトが光っている旅客機がちらっと見えたが、旅客機は南に向かって旋回し、丘の斜面——山頂から二二フィートの地点——に翼をぶつけてもぎ取られ、回転し、粉々になって、火を噴いた。

「旅客機事故で一二四人が死亡」。翌日の朝、『イブニング・スタンダード』紙は一面でそう報じた。（最終的に死者の数は一二六人になった。事故直後には生存していたが、近くの国連仮設病院に運ばれた二人がその後死亡したのだ）。当時このニコシア空港航空機事故は航空史上六番目の大事故だった。フェアリーとバーカーは即座にヘンチャーの予知との合致に気がついた。『イブニング・スタンダード』紙はその日のニュースとともにヘンチャーの予知の詳細を報じた。「大惨事を夢に見た男の信じられない物語」という見出しがつき、飛行機の残骸の中を捜索するキプロスの大統領であるギリシア系のマカリオス大主教の写真が添えられていた。

☆

ヘンチャーは四四歳で、痩せこけていて、エセックスのダゲンハムで両親とともに公営住宅に住んでいた。一家は戦前にロンドンのイーストエンドからここに移ってきた。アランの父パーシーはかつて地元の役所に勤めていた。母親のロジーナは主婦として、三人の子供を育て上げた。長男のエリックは突撃隊員としてビルマで従軍した。三男で末っ子のケンは五〇年代にミルウォールFCでプロのサッカー選手としてプレーし、引退後は税関と税務署の職員になった。アランは検眼医の下で修業したこともあったが、一家の変わり者だった。ヘンチャー家はみな酒を飲むのが好きだった。

アランはそれより本を読んでいたかった。彼は気さくだが真面目だった。歴史書のコレクションを誇りに思っていた。一九四九年、二六歳のときに自動車事故で頭部にけがをし、四日間意識不明の状態だった。予知能力がはじまったのはこの直後からだった。「彼は他の家族と全然違ったんです」。姪のリンはそう振り返る。「彼はどんなことにもとても真剣でした」

飛行機事故の当日、フェアリーは『イブニング・スタンダード』紙のオフィスからヘンチャーに電話をかけたが、つながらなかった。バーカーは翌日にヘンチャーと連絡が取れるよう手配した。午前一時の少し前、バーンフィールドのダイニングルームの電話が再び鳴った。シェルトンの夜勤の交換手からだった。ヘンチャーは病院に電話し、バーカーにつないでもらおうとした。彼が動揺しているようすだったので、交換手はなんとかバーカーにつないでやりたいと思ったのだ。

ヘンチャーと電話がつながると、彼はいまバーカーの身の安全を心配していると言った。一日中バーカーのことを心配していたのだという。なにか事故があるかもしれないと。バーカーのことを考えたとき、心の中が黒い色で埋め尽くされたというのだ。彼はバーカーにガス機器を確認してほしいと言った。しかしバーカーの家ではガスを使っていなかった。

「濃い色の車を持っていますか？」とヘンチャーは訊いた。

バーカーのゼファーはダークグリーンだった。

「とにかく気をつけてください」とヘンチャーは警告する。「ご自身の身に気をつけてください」
　バーカーはヘンチャーに自分に生命の危険が迫っているということか？　と訊いた。
「はい」。知覚者ヘンチャーはそう答えた。

III

翌日の午前一〇時、バーカーはシェルトンのオフィスで「いくつかの興味深い予知と一つの死の宣告」という題名の四ページほどのメモを口述筆記した。この中で彼は、ヘンチャーの病歴の概略と、アバーファンの大惨事と最近の航空機墜落事故を明らかに言い当てていることを述べた。それからヘンチャーからの真夜中の電話と自分の運命に関する警告をされたときの自身の反応についても語っている。

これに対して私は当然ながらどこか驚いたという反応をした。もう一度眠りにつくのが少し難しいと感じたし、もちろん運転中はいつも以上に気をつけようと思った。こういう類いの予言のせいでおびえているわけではないと言ったらうそになるだろう。今日から日記をつけて、毎日この予言に対する自分の反応を記録していくつもりだ。こんなふうに予知をもてあそぶ人間はある意味自分を危険にさらしているし、その結果は自分で受け止めねばならないだろう。しかし重要なのはこの情報を記録し、なにかが起こったときには人々に関心を持ってもらい、この重要な研究が続くようにすることだ。もちろん、他の予知と同様に、この予言が言葉通りに実現することはないかもしれない。ヘンチャー氏が実際に「オカルトの三連続的中（ハットトリック）」をなしとげることができたら、本当に興味深く驚くべきことだ。最近恐怖のあまり死んだ人々についての本を書いているが、それがどんな感じなのか、私は知りはじめたのかもしれない。

私はバーカーのメモが他の何通かの手紙と一緒に、ケンブリッジ大学図書館に保存されている心霊現象研究協会の文書群の中にある「予知3ａ」と書かれた茶色の封筒に入っているのを見つけた。同封されていた他の手紙はみな一九六七年の春以降のもので、この手紙類にもまたバーカーのオカルトに対する複雑な態度が表れている。真に受けているものも、淡々と書いているものも、疑いながらも迎合しているようなものもある。彼はシェルトンの近くにある家を買おうかどうかと考えていた。昔の競場の近くにあるかつてはパブだった家だ。その家に興味を持った理由の一つは幽霊が出るからだ。この家は「リスの館」と呼ばれていて、ジョーという名前の幽霊が二階を歩き回っているという。

「自分としては、科学的な観点から、こういう家を買うことに惹かれている」。四月にバーカーは心霊現象研究協会の元会長ガイ・ランバートへの手紙にそう書いている。「けれど妻や子供が同じ気持ちになってくれるかどうかはわからない」。ジェーンはこのとき妊娠八ヶ月だった。ランバートがこの手紙への返信で、リスの館の奇妙な音や不可解な現象の原因として考えられる自然現象を書いて示すと、バーカーはこう返事をした。「私はESPに夢中になっているわけではない、しかし純粋に物質的な観点しか持たないというのは制限されすぎだし、それですべてを説明できるとは思わない」

しかし二週間後、ヘンチャーのキプロス墜落事故の予知が的中したことと自分の生命の危険を警告されたことに高揚したバーカーは、以前よりもさらに、暗闇の中で見ることのできない物の表面をさわっている人のような言い方になっている。五月八日にランバートへの手紙に彼の「死の宣告」のメモを書き写した後にこう書いている。「ありがたいことにまだ実現していないヘンチャーの私に関する予言を注意深く検討する」。「我々がなにか重要なことが起こる寸前にいるのかどうかわからない。個人的には疑いも持っているが、こういう計画に乗りだしたばかりの時期には、これからなにが起こるのか本当にわからないものではないか」

☆

「予知3ａ」にはミス・ミドルトンからの手紙についても書かれていた。予知調査局を開設したとき、バーカーは予知を寄せてほしいという依頼書を可能性のありそうな知覚者一〇〇人ほどに送っていて、その中にはアバーファンの実験で彼に連絡を取ってきた人たちも含まれていた。ミス・ミドルトンの手紙は一九六七年五月の日付があるもので、バーカーによって「もう一人の予知反応装置」と分類されており、ミス・ミドルトンはこの頃までに数回予知調査局と連絡を取っていた。三月の半ば、彼女は故人である父親が彼女の家の居間に座っている夢を見て、海でなにか危険があると電話をかけてきた。バーカーに予知を届け出たのだ。数日後、ウェールズに向かっていたタンカー、トリー・キャニオン号がシリー島とコーンウォール半島ランズエンド岬の間で座礁し、イギリス史上最悪の原油流出事故を起こした。四月一〇日、ミス・ミドルトンは再びバーカーに手紙を書く。アメリカ西海岸沿岸をトルネードかハリケーンが襲うと警告する内容だった。一一日後、中西部の五つの州で四〇以上のトルネードが発生し、シカゴ郊外オーク・ローンで起こったものの一つは三三人の死者を出した。バーカーはミス・ミドルトンを祝福した。「これはたしかに予言が実現したものだ」。被害があった場所はアメリカの西海岸から二〇〇〇マイル近く離れたところだったが、バーカーはそう書いている。

フェアリーは予知調査局に予感の情報を送ってきた人々と連絡を取り合うのはやめるべきだとバーカーに反対したことを後に語っている。バーカーにはそんなためらいはまったくなかった。彼は情報提供者をおだて、励まし、刺激した。彼はミュンヒハウゼン症候群の患者モーリスのことで苦労した経験があるのに、一〇年後にまた、これまで真剣に扱われてこなかった幻を見る男女を信じ、注目したのだ。彼の知的な野心と彼らの信じてほしいという欲求が合わさってしまう。彼はそれがどういう結果になるかを考えていなかったのか、あるいはどんな形でもいいから結果を出したいという気持ちがどこかにあったのかもしれない。

バーカーが墜落事故の詳細をもっと聞き出そうとヘンチャーを悩ませていたとき、ヘンチャーはバーカーにこの調査は「心に悪い影響」があると言った。バーカーはヘンチャーを励まし、このまま続けるよううながした。バーカーはミス・ミドルトンにお世辞を言い、彼女はこんなに著名な医師から連絡があることを喜んだ。「この実験の成功を強くお祈りしております」と彼女は書いている。

ヘンチャーがバーカーは死ぬかもしれないと予告したとき、バーカーはそれを無視することも、内容をたいした問題ではないと解釈することも、自分の研究をやめようと考えることもせず、さらなる研究の材料にしたのだ。彼は「死亡宣告」の内容をミス・ミドルトンに送り、彼女にもこうした気がかりな感じがあるだろうかと訊いた。「ご自身の身の安全を。ヘンチャー氏があなたのことを考えていたのと同じ頃、私も個人的に心配しておりました」と彼女は答えた。「そのときあなたがされているお仕事がとても重要であると考え、あなたのご健康を祈るお祈りをしなければと思いました」

一九六七年四月二三日、ミス・ミドルトンは月へ向かう宇宙飛行士のビジョンを見たという報告を寄せてきた。「この冒険は悲劇に終わるでしょう」と彼女は書いている。彼女が見た宇宙飛行士は「強張った表情で、おびえ、恐れていた」という。ミス・ミドルトンは予知を説明する図を書いて同封していた。他の予知でも何度か図を描いている。このときは宇宙飛行士が大まかに描かれた球状の宇宙船に乗っている絵だった。

彼女はこの手紙を日曜日の午前五時三〇分にエドモントンで投函した。それと同じ頃、ソビエトの四〇歳の宇宙飛行士ウラジーミル・ミハイロヴィチ・コマロフは宇宙船ソユーズ1号の居住区画で昼寝をしていた。地球周回軌道に乗り、一二周目のときだった。ソユーズ1号はその朝の夜明け前にカザフスタンのバイコヌール宇宙基地から発射された。前回ソビエトが有人宇宙船を打ち上げてから二年以上が経っていた。打ち上げのニュースはソビエトの新聞『タス通信』に発表された。ラジオ・スウェーデンは午前七時にこのニュースを放送したので、有人飛行中の宇宙船があることをミス・ミドルトンが知るのは不可能ではなかった。しかし詳しいことは、この時点ではほとんど発表されていなかった。

ソユーズの最初のミッションは技術的に難しかったし、非常に大きな政治的圧力がかかっていた。計画ではコマロフが乗った宇宙船が軌道上に翌日にやってくる二機めのソユーズとドッキングし、二人の宇宙飛行士が乗り移ってきて、どちらのモジュールも地球に帰還するはずだった。こうした計画はまったく初の試みだった。アメリカを驚かせ、動揺させることも目的の一部だった。アメリカは有人宇宙飛行の分野ではソビエトの技術力を超えたと考えられていたからだ。しかし準備は万全とは言いがたかった。ミッションのリハーサルである三度の無人試験飛行はすべて失敗した。試験用のプロトタイプの宇宙船三機は途中で壊れてしまったのだ。打ち上げの九日前の四月一四日、エンジニアたちはソユーズ1号とソユーズ2号に合計一〇一の不具合を見つけた。ソビエトの守護神のようなチーフ・ロケット・エンジニア、セルゲイ・コロリョフが一年ほど前に亡くなっていたせいもあり、不穏な雰囲気があった。「自信はない」。宇宙飛行士の訓練プログラムを指揮していた中将ニコライ・カマーニンはそう日記に書いている。それでもミッションは進められた。ソビエトの五月一日のメーデーの祝典の前に実行日が計画されていた。発射の前にコマロフはこの宇宙飛行をボルシェヴィキ革命五〇周年に捧げている。

ミッション開始から一八分後、最初のトラブルが起こる。宇宙船内に電力を供給する太陽光パネルが一枚、開かなかったのだ。遠隔測定システムの一部も動かず、地球の大気圏再突入という危険の多い段階の間、ソユーズの位置を自動的に修正するための姿勢検知装置が使えなくなった。燃料圧が落ち、カプセル内の温度が下がりはじめた。飛行開始から六時間半後、ソユーズ2号との歴史的なドッキングは行えないことがわかった。ミッションは縮小され、ソユーズ2号の打ち上げは中止された。コマロフはいったん休憩を取り、地球への帰還の準備をするように命じられた。一七周めに着陸することになった。コマロフは非常に優秀で経験豊富なパイロットだった。宇宙に出たのはこれが二度目だ。彼の父はビルの管理人だった。状況が計画からひどく逸れていっても、彼はそれを表に出さなかった。「私は最高の気分だ。機嫌がいい」と彼は言った。

コマロフはソビエトの宇宙プログラムの中で最年長の宇宙飛行士だった。ユーリ・ガガーリンと親しかった。ガガーリンはソユーズ1号のてっぺんのハッチが閉められるときに立ち会っていた。その後の飛行の間、コマロフがほぼ手動と目視で宇宙船の舵を取り、地球の暗い側から明るい側へ出て、周囲の機器を脱落させていき、帰還のための狭い角度を抜けて着陸しようとしている間、主に聞いていたのはガガーリンの声だった。ガガーリンは無線で「静かでいい着陸を心から祈っている」と交信した。コマロフは応えた。「ありがとう。会えるまでもうすぐだ。すぐにあなたに会う」

大気圏再突入を二度試みる間に、ソユーズのエンジンは止まり、宇宙船は軌道上に戻ってしまった。三度目、ソユーズのバッテリーが少なくなったが、コマロフはほぼ自力で下にある星と惑星との距離から船位を算出し、やり遂げた。「みんな、ありがとう」と彼は言った。宇宙船の中央の座席に移り、着陸の準備をした。彼は安堵の息

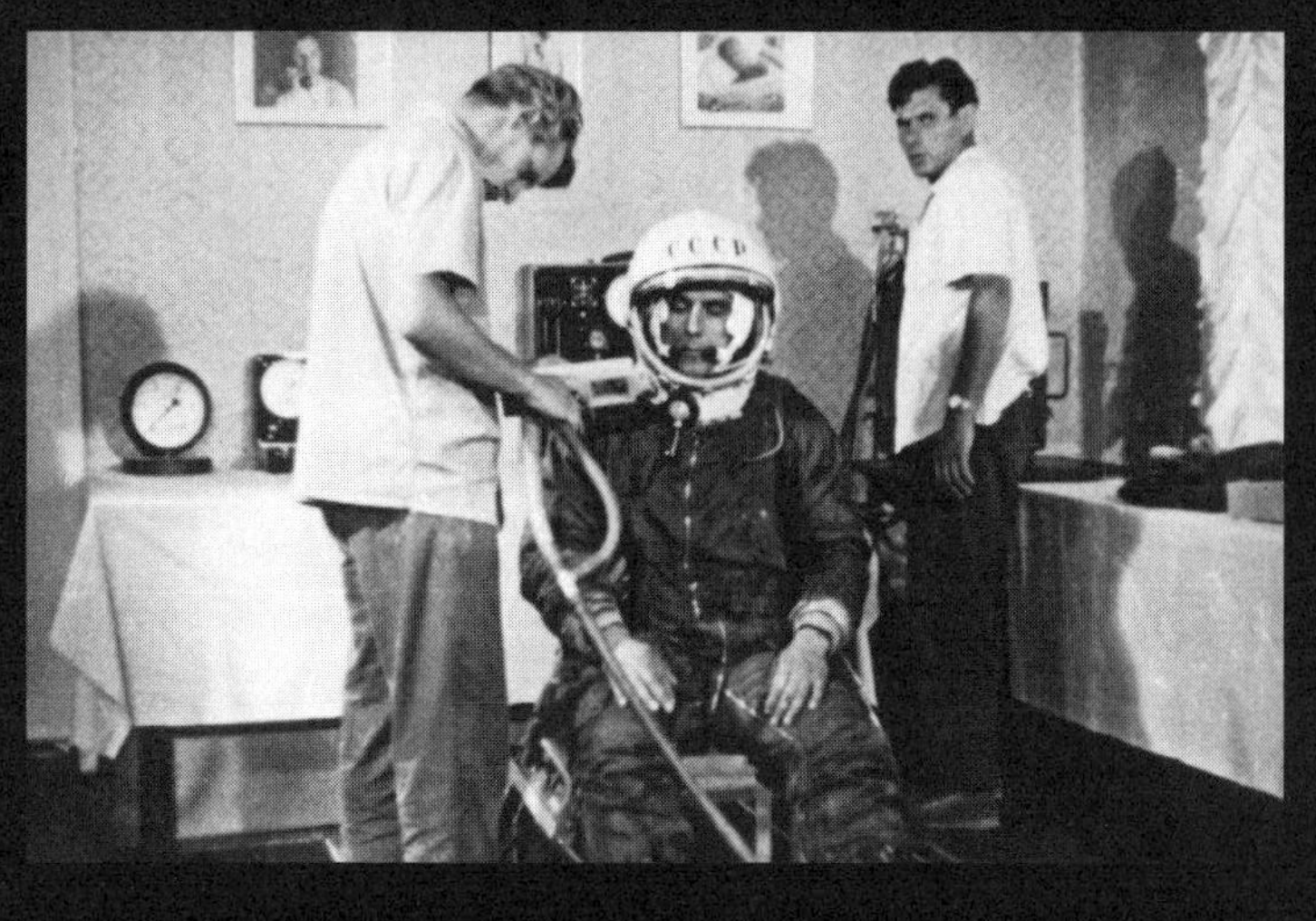

トレーニング中のウラジミール・コマロフ（1962 年）。
（Sovfoto via Getty Images）

をついた。ところが宇宙船のパラシュートが開かなかった。ソユーズは落下しはじめ、午前六時二四分、カザフとの国境にほど近いロシア南部の平原に墜落した。宇宙船は壊れ、火に包まれた。コマロフの身体は炭化するほど燃えていた。回収された彼の遺体は八〇センチ×三〇センチぐらいの大きさになっていた。救出チームは燃えているソユーズに土をかけて消火した。

墜落から数時間の間、ソビエト政府の上層部はコマロフになにが起こったかを知らなかった。情報が隠されていた。宇宙船は大気圏に突入してから「緊急2」のシグナルを出していると報じられていた。墜落現場で真実を知った救出チームは無線の電源を切った。モスクワではコマロフの妻ヴァレンティナと幼い二人の子供エヴァンニイとイリーナが待っていた。この日は曇りだった。ヴァレンティナは打ち上げから二五分経って、ようやく彼が宇宙にいると知らされた。「うちの夫は出張の日程をいつも言ってくれないの」。彼女は記者たちに冗談を言った。

モスクワの曇り空は雨に変わった。コマロフの自宅の電話がつながらなくなった。不安なとき、我々はいろいろなことを前兆だと思う。予兆を見る。普段なら関係ないと思う事柄から、状況を推測しようとする。同僚の宇宙飛行士の妻たちが突然やってきて、ヴァレンティナに付き添った。イリーナはこの時点で母が動揺しはじめたことに気づいた。黒いヴォルガのリムジンが家の前に止まり、長官が玄関にやってきた。

墜落の調査の結果、ソユーズのパラシュートには設計上のミスがあったことがわかった。もともと開かなかったのだ。コマロフはミッション中に遭遇したトラブルとは関係なく死んだ。彼はすばらしい不屈の精神を発揮し、冷静沈着にトラブルを克服し、その後に元からあった欠陥のせいで死んだ。彼は帰還しなかった。コマロフのロケットに起こったトラブルのおかげで、翌日に軌道上でドッキングするはずだった三人の宇宙飛行士たちの生命は偶然救われた。ソユーズ2号のパラシュートも同じように設計されていたのだ。だからもし宇宙に打ち上げられていたら、彼らも死んでいたはずだ。コマロフは宇宙飛行で死亡した最初の人になった。彼の遺灰はクレムリンの壁に埋葬されている。

バーカーはミス・ミドルトンの予知に興奮した。「大当たりだ。よくやった!」

☆

一六九〇年代に、マーティン・マーティンという若い大学講師がスコットランドの西部諸島の人々の生活を記録し、マッピングすることを依頼された。ゲール語での名前をマーテイン・マーシー・マーテインというマーティンは、スカイ島の北端にある小さな家で育った。一七〇三年に発表された彼の研究では三五ページを費やして千里眼について書かれている。島の人々は、家から遠く離れたところで友人たちが落馬するビジョンを見たりしていた。幽霊の婚礼行列が野原を進んでいるのも見た。子供たちは食器棚の上に横たわる死体や、死んだ親戚が自分と一緒に歩いているのを見たりした。フロジェリーの男性は夕食の最中に皿の間に死体が出現したのを見てナイフを落とした。マーティン自身は自分が実際にいるところから一〇〇マイルも離れた場所で目撃されたことが七回もあった。馬で出かけた村人たちが騎士の一団に遭遇したり、丘を横切っていく葬列を見たり、気がついたら一日とか一週間の時間が経っていたりした。

「千里眼」のゲール語は「二つの視野」を意味するダー・シャードという。実際の世の中を知覚するものと同じようにビジョンを視るものがあるのだ。千里眼には同じパターンが繰り返し現れる。炎から火花が腕に落ちてきたら死んだ子供を抱くことになるだろう。男性の左側に女性が現れたら、その女性は男性の妻になるだろう。誰かが座っているのに椅子が空いているように見えたら、座っているその人は近いうちにこの世を去るだろう。人気のない荒れ地で声を聞いたり、木々を見たら、すぐに家が建ったり、果樹園ができたりするだろう。

その他のビジョンは不気味なほど具体的だ。ルイス島のある男性は、外で仕事をしていると大演説をぶってくるが家の中にいるときは静かで礼儀正しいドッペルゲンガーに悩まされていた。男性はこのビジョンに嫌気がさし、燃えている石炭のかけらをそれに向かって投げた。その亡霊は仕返しに彼をあざができるほど殴った。聖職者が呼ばれ、信者たちが集められて、この取り憑かれた男性を囲んで祈った。何も変わらなかった。スカイ島のノッコウという村出身の少年は自分の肩の上に棺桶が見え続けていたので、ついに葬儀で棺をかつぐことを買って出ると、この奇妙な予感はなくなった。スカイ島のある女性は彼女とそっくりな服装をしているようだが、ずっと背を向けている人物のビジョンに苦しめられていた。「ついにこの女性は好奇心を満足させるために実験をした」とマーティンは書いている。女性は服を後ろ前に着て、こちらを向くようにとその亡霊をなだめすかしたのだ。「そうしたらそれはその通りにした」という。「ビジョンはすぐに彼女の方に顔とドレスを見せたが、それはどこまでも彼女にそっくりだった。それからしばらくして彼女は亡くなった」

マーティンは読者が懐疑的になるのを見越していた。「千里眼はどこかの片隅や、遠くの島で、一人か二人しか目撃していない最近の発見ではない」と彼は主張している。女性も男性も経験している。どうやら遺伝性のものではない。酒に酔っているときだけに現れるわけではない。人々がそれをすごく楽しんでいるというわけでもない。

マーティンは未来が見えることは、あくびの伝染の仕組みや磁力などの、科学者たちが認識はしているものの、きちんと説明できていない事柄と同じだと言った。「自然現象もこれほどわかっていないとしたら、超自然的な現象だと言えるものはどれだけ少ないのか」と彼は問いかける。マーティンは島の人々の感受性が強いだけではないと主張する。彼らはすべての兆しが実現するとは思っていない。「しかし後になってそれが実際に起こると、自分の感覚や理性をねじ曲げない限り否定できない」。ほとんどの人たちが予知とは時間の不思議な働きの一部だと受け止めている。受け流そうとする人たちもいるが、彼らは信じていないわけでもない。マーティンが知っているルイス島のジョン・モリソンという男性は、ビジョンを追い払うためにジャケットの首の部分に薬草を縫いつけている。

　彼の著書『スコットランド西部諸島の記録』は一八世紀の間ずっと出版されていた。一七年後にはサミュエル・ジョンソンがこの本を主な資料にしてヘブリディーズ諸島を探索し、自らも千里眼の調査を行った。「力とは呼べないこの知覚能力は自由に使えるわけではないし、常に使えるわけでもない」とジョンソンは書いている。「好きなときに出現させられるわけでない。召喚することも、引き留めておくことも、呼び戻すこともできない。イメージが突然やってきて、つらい影響をおよぼすことが多い」。ジョンソンはマーティンと同じように知覚者たちがその能力から利益を得ているわけでも、能力を楽しんでいるわけでもないようだと感じている。「意思とは関係ない現象だ」と彼は書いている。そしてマーティンと同じように、ジョンソンも千里眼（ダー・シャード）がかってよりもありふれたものではなくなったと述べている。予言はほとんどの場合衰退していくことになる。

マーティンの調査は王立協会に命じられたものだ。王立協会は事実にもとづいて世界を説明する自然科学の知見を広めるために一六六〇年に設立された。「Nullius in Verba」〝誰の言葉にもよらない〟〔もとはラテン語の成句。科学は事実のみにもとづくもので、権威などには追従しないという意〕というのがそのモットーだ。マーティンは西部諸島では千里眼は人々の間に存在する現象だが、ヘブリディーズを離れた人たちは未来が見えなくなるようだと主張している。

スカイ島とハリス島の四人の男性がバルバドスに行き、一四年間住んでいた。そして生まれ故郷では千里眼をいつも見ていたのに、バルバドスでは一度も見なかった。しかしイギリスに戻ると、上陸したその夜に彼らは千里眼を見た。私はそれを彼らの知り合い数人から聞いた。

我々は自分の属するコミュニティが見るように世界を見ている。我々は互いの物の見方に影響され合っている。二〇世紀の神経科学者は、我々の先入観のいくつかが自分がいる場所や状況によってどのように影響されているかを調査した。一九四七年、ハーバード大学の心理学者チームの研究では、ボストンの貧しい地域に住む一〇歳の子供たちは同じボストンでも経済的に豊かな地域の子供たちに比べて、硬貨の大きさを実際よりも大きいと想像する傾向があることがわかった。また、遠洋漁業の漁師た

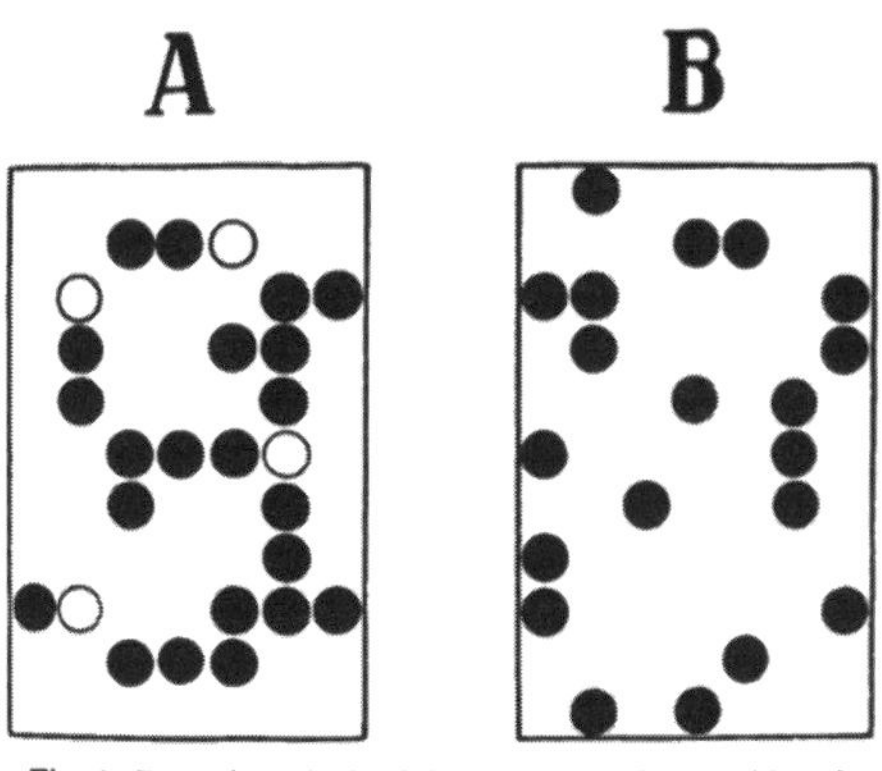
Fig. 1. Examples of visual images. A—a figure with noise (open circles in the outline mark the effect of distortion on the symbol), B—"pure noise."

視覚ノイズパターン。（P. V. シモノフ、M. V. フロロフ、V. F. エフトゥシェンコ、E. P. スヴィリードフ「視覚的パターンの認識に対する感情的ストレスの影響」『航空・宇宙・環境医学』1977年）

ちは近海の漁師たちに比べて迷信的な儀式を多く行う。

我々が自分の周りの出来事をコントロールできていないと感じれば感じるほど、そこにないものを感知する傾向、すなわちイワン・パブロフを研究していたポーランドのJ・コノルスキーが一九六七年に「知覚の飢え」と表現したような傾向が強くなる。一九七〇年代、モスクワの高次神経活動・神経生理学研究所の研究者グループは五人の男性をパラシュート降下に向かわせ、その途中で何度かスライドを見せた。その中にはごちゃごちゃした模様の中に数字が埋め込まれたスライドと単なる無作為な黒い点しか埋め込まれていないスライドが含まれていた。隠された数字を読む能力は、飛行機が離陸し、彼らが興奮し、緊張感を持っているときに最大になった。しかしストレスが増すと、知覚がおかしくなってくる。間違った警告が増えてくる。飛行機から飛び降りる直前には実際にはないものを見るようになっていた。ヘブリディーズ諸島での生活は厳しい。死は頻繁に、しかも何の理由もなくやってくる。論理や因果関係を考えることは、どちらも通用しない場所においては生命の恐怖を消す役には立たない。時とともに、または移住することによってダー・シャードが失われていったのは、現実が前よりは耐えられるものになったというしるしなのかもしれない。千里眼がなくても、普通の視力だけでやっていけるようになったのだ。

☆

一九六七年の夏、ロンドン南西部ファーンバラにある、イギリスの主要な航空調査機関である王立航空研究所（ロイヤル・エアクラフト・エスタブリッシュメント）の格納庫で数週間働いている男がいた。彼は辛抱強く、しかしかなりのプレッシャーにさらされながら、壊れた旅客機を組み立て直していた。政府事故調査部からやってきた調査員である彼の名前はリチャード・クラークだった。彼はだいたい一人で仕事をしていた。長身で痩せ型で、学者っぽい物腰とワシのように尖った鼻をしていた。スーツにネクタイという服装で、脱落した翼や焼け落ちた胴体や破壊されたコックピットのひび割れたフロントガラスなどを拾い集めていた。

この旅客機、ブリティッシュ・ミッドランド航空のプロペラ機C4型「アルゴノート」――コールサインは「ホテル・ゴルフ」――の破片は、金属製の架台の上に並べられ、薄い鋼鉄製の支柱で支えられていた。格納庫の天井の透明な部分を通って格納庫の天井から光がさす。クラークが骨組みから再構築している場所の周りのテーブルには切れたワイヤーやシートベルトや照明器具やシャフトのような長い物体、ボルトや金属の破片などのような細かい物、まだ元の場所に修復できていないものが山になっていた。格納庫の外にはそれ以前の何十件ものイギリスの航空機事故の残骸が無造作に積まれ、野ざらしになっていた。

ホテル・ゴルフは六月の日曜日の一〇時少し過ぎにマンチェスター空港から数マイルの町ストックポートに降下してきた。休暇を終えてマヨルカ島のパルマから帰ってきた乗客たちを乗せていた。着陸予定時刻の数分前、原因不明の動力の喪失が起こった。二〇秒の間、四つのエンジンのうち二つが停止した。操縦していたハリー・マーロー機長は「ちょっとしたトラブルがあった」と管制に報告し、空港の周りを旋回すると言った。しかし機体はそのままスピードが落ち、急降下していった。雲の下にまで高度が下がる。霧雨の降る朝、空を見上げたマンチェスター郊外の人々は乗客たちが彼らに手を振っているのを目撃した。滑走路の六マイル手前の時点でホテル・ゴルフの高度は地上からわずか二〇〇メートルだった。アルゴノートはストックポートの人家が少ない地帯、ホープ・カーと呼ばれている工業地帯の廃墟の一角に墜落した。七二人が死亡した。マーローは生存者一二人のうちの一人だった。彼は頭部を負傷し、顎の骨が折れた状態でコックピットから救出された。彼は墜落前の最後の数分間の記憶がなかったが、後に病院で繰り返しこう訊き続けていた。「どのエンジンだったんだ？」

調査員クラークは自分を取り囲む残骸に手がかりを探していた。急がなければならない理由があった。アルゴノートはダグラスＤＣ４のカナダ仕様の航空機であり、ＤＣ４は当時世界を飛び回っていた。燃料装置を含む、ホテル・ゴルフと同じ部品を使っている航空機は一〇〇〇機近くあった。一機で故障した部品は他の機でも故障する可能性がある。クラークは損害を受けているワイヤーを調べ、ホテル・ゴルフの変形した機器を検査した。調べているうちに〝目くらまし〟にも遭遇した。機体の間違った場所につながれているリード線があったが、反対端も間違った場所につながれていたので、事故とは関係なかった。残骸には変則的なところも、疑わしいが実は関係ない物もあり、その余計な情報のせいで、意味のある事実がわかりにくくなっていた。重要なのはどの部分だろう？　解明すべきストーリーを雄弁に語ってくれる破片はどれだろうか？　クラークは飛行機の方向舵のタブが一二度の角度になっていることに注目した。これはパイロットが機体を水平に維持しようと苦労していたことを示している。クラークは墜落後の火災で機体の右側の方がひどく燃えていることから、右側のエンジンにはより多くの燃料が残っていたのではないかと結論づけた。

しかし、クラークがこの問題を解明することはなかった。その年の秋、ブリティッシュ・ミッドランド航空のパイロット二人が直感で行動し、アルゴノートのコックピットにあるエンジンからエンジンへの燃料の流れを調節する二つのレバーが、実際には少し開いているのに、閉まっているように見える可能性があると気づいた。事故の前、ブリティッシュ・ミッドランド航空のクルーたちはフライト中に燃料が知らないうちに流出することなどないと思っていた。その冬に行われたストックポート墜落事故の公開審問で、ホテル・ゴルフはマヨルカ島に到着した時点で、エンジンの一つから燃料が流れ出しているという異常があり、わずか数ガロンの燃料しか残っていなかったことがわかった。パイロットは燃料の計器の数値を不正確だと思って信用せず、誰にも言わなかった。調査の結果、ホテル・ゴルフはマンチェスターへの帰路で四番エンジンの燃料がなくなっていたと結論が出た。そして三番エンジンも停止した。これはマーロー機長がシャットダウンするエンジンを間違えたのかもしれない（「どのエンジンだったんだ？」）。そして彼がそれに気づいたときには、三番を再稼働させようとしても間に合わなかった。

地上から目撃していた人たちは、マーローが墜落現場となった廃墟の「ポケットハンカチーフ」のように狭い斜面に着陸するためにエンジンを完全に切ったと証言した。ホテル・ゴルフは着地寸前にストックポートの病院をぎりぎりで避け、警察署と市役所と集合住宅棟から数百ヤードのところに墜落した。変電所と満車だった三階建ての駐車場に衝突している。地上にいる人は誰も負傷しなかった。胴体には大きな裂け目ができ、救世軍などの救助隊が現場に到着したときには、死傷者たちが座席から引きちぎられて飛ばされていて、シートベルトをしたままの乗客もいた。若い家族連れも多かった。おもちゃがそこら中に落ちていた。火災が起こった。死傷者を全員運び出すまでに一時間半かかった。その日の間に、墜落現場には推定一万人の野次馬が押し寄せた。墜落現場で撮られた写真には、ブリティッシュ・ミッドランド社のロゴであるBMと大きく描かれたアルゴノートの垂直安定板(テールフィン)が二本のレールの上に危なっかしく立てかけられている。

墜落の三四日前の五月一日、ヘンチャーはバーカーに電話をし、また災害が起こると警告した。彼は自分がキプロスの予知の後遺症のせいでそう感じているのかとも思ったが、このビジョンはまったく違うもののように思えた。「その飛行機には大きなテールフィンがついていた」と彼は言った。ヘンチャーは事故は三週間以内に起こるだろうと言ったが、場所はわからなかった。六〇人以上の死亡者が出るだろう。「奇跡的な脱出があって、生存者も何人かいる。その人数はわからない。この件に関してとてもたくさんの感情を感じる。ものすごく大きな悲しみを感じる」と彼はそう言った。

バーカーはヘンチャーに被害者になるのはどういう人たちかと訊いた。「私の感じでは、子供もたくさんいるかもしれない」とヘンチャーは答えた。

バーカーはこの電話が午後九時だったと記録している。翌日の夜、フェアリーへの手紙にヘンチャーのメッセージのことを書いている。キプロスの墜落事故の予言とバーカーの命が危ないという警告からまだ一〇日しか経っていなかった。夜遅くに書かれた手紙からは興奮が伝わってくる。彼は伝えられたメッセージの信じられないような重大さに動揺しているようだった。「ちょうどベッドに入ろうとしていたとき、本当に、いまこの世界には三週間以内に飛行機事故で六〇人の人が亡くなることを知っている人間が二人しかいないという恐ろしい事実を思い出した」。バーカーは書いている。「その人たちはいまなにをしているだろう？　なんとかして警告することができたらいいのに。彼らはイギリス人なのだろうか？」

彼はヘンチャーに後で電話をすると約束し、なにか彼が見落としていることがないかと、目立つテールフィンについてもう一度確認した。翌月、ストックポートの写真を見たバーカーはヘンチャーがアルゴノートの墜落事故も予知していたことを確信した。奇跡的な脱出も、被害者に子供たちがいることも、テールフィンのことも、悲しみのこともみな当たっていた。

「ヘンチャー氏がまた当てていたらどうする？」とバーカーはその夜フェアリー宛の手紙に書いている。「しかし我々はどうやって悲劇を防いだらいい？　それが実現したら、ヘンチャー氏がこんなふうに、恐ろしい悲劇の可能性を警告されることはなくなるだろう」

予知すべき災害がなくなったら、ビジョンもなくなるはずだ。バーカーはまたヨナの苦境に陥ってしまった。彼は興奮しているのと同じぐらいストレスを感じていた。「もっとたくさんの情報を得られさえしたら」と彼は書いている。「おそらくイギリスにはミスター・ヘンチャーのような人が他にもいて、その人もこの事故の警告を感じていたのに、しかしその人は我々の計画を知らなかったのかもしれない。もっと情報があれば。もっと……」

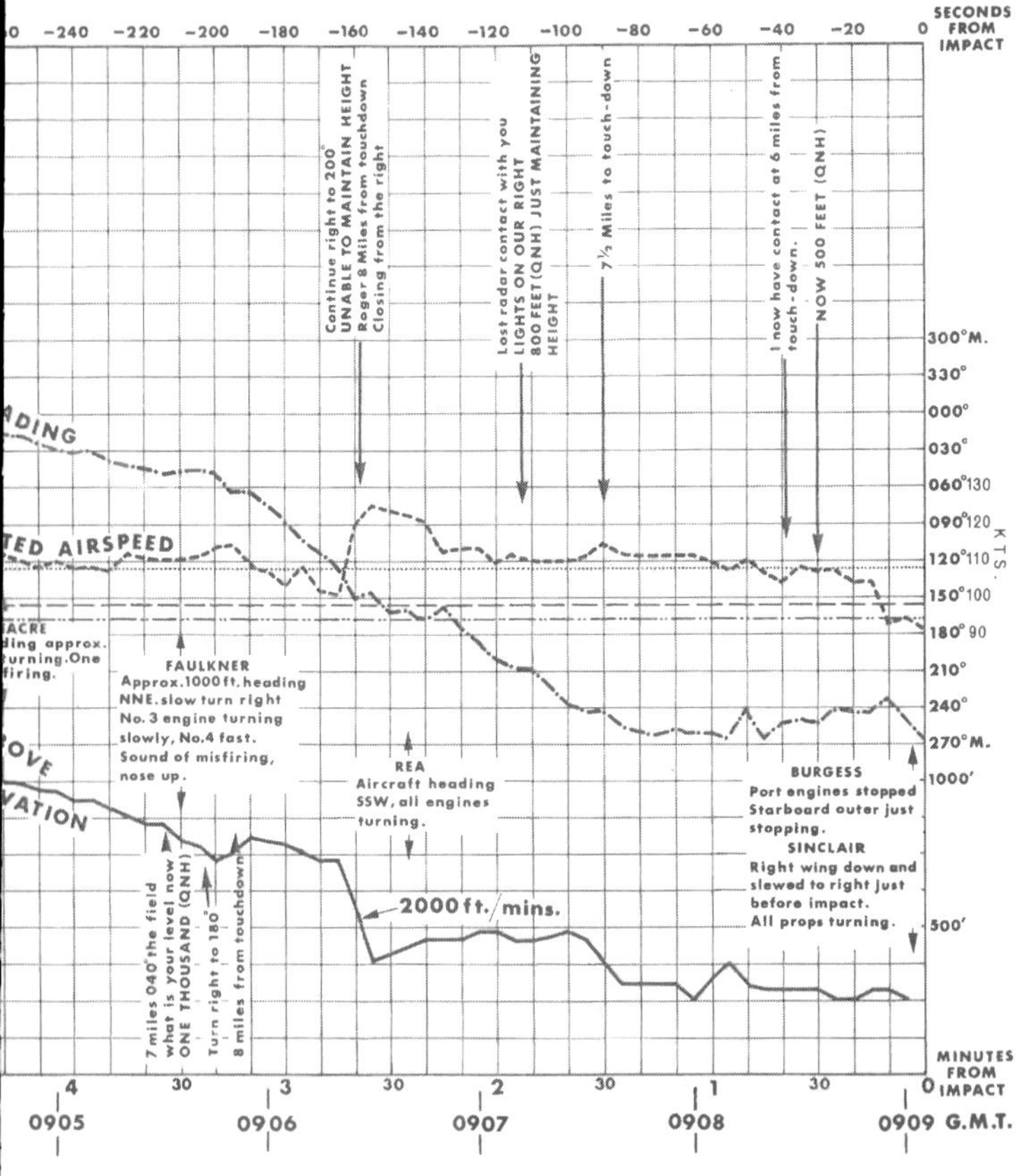

SECONDS FROM IMPACT
-240
-220
-200
-180
-160
-140
-120
-100
-80
-60
-40
-20
0
Continue right to 200°
UNABLE TO MAINTAIN HEIGHT
Roger 8 Miles from touchdown
Closing from the right
Lost radar contact with you
LIGHTS ON OUR RIGHT
800 FEET (QNH) JUST MAINTAINING HEIGHT
7½ Miles to touch-down
I now have contact at 6 miles from touch-down.
NOW 500 FEET (QNH)
ADING
TED AIRSPEED
300°M.
330°
000°
030°
060° 130
090° 120
120° 110
150° 100
180° 90
210°
240°
270°M.
KTS.
ACRE
ding approx.
urning. One
firing.
FAULKNER
Approx. 1000 ft. heading NNE. slow turn right No. 3 engine turning slowly, No. 4 fast. Sound of misfiring, nose up.
REA
Aircraft heading SSW, all engines turning.
BURGESS
Port engines stopped Starboard outer just stopping.
SINCLAIR
Right wing down and slewed to right just before impact.
All props turning.
1000'
500'
OVE
VATION
2000 ft./mins.
7 miles 040° the field what is your level now ONE THOUSAND (QNH)
Turn right to 180°
8 miles from touchdown
MINUTES FROM IMPACT
4
30
3
30
2
30
1
30
0
0905
0906
0907
0908
0909 G.M.T.

MATION PLOT

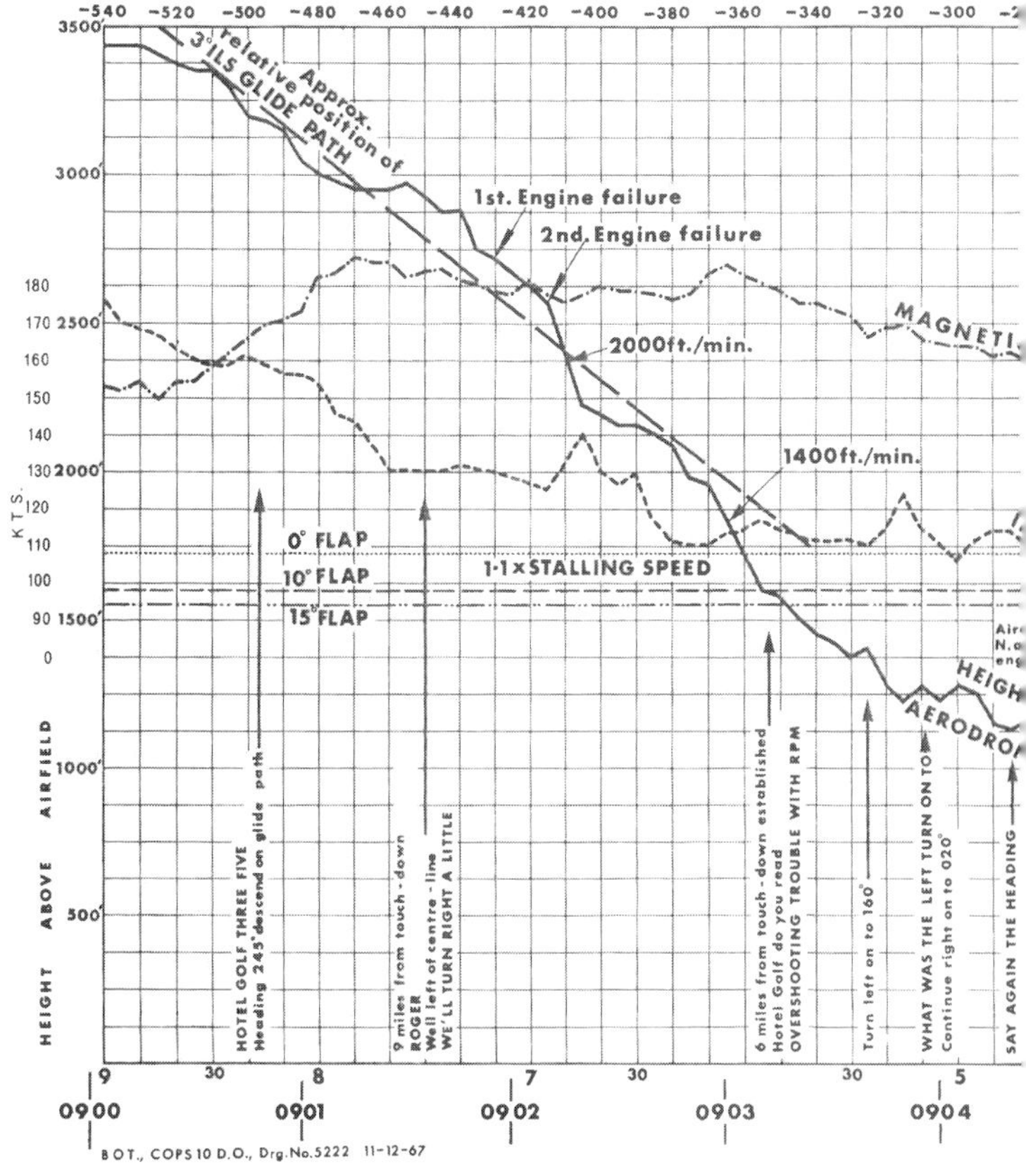

-540 -520 -500 -480 -460 -440 -420 -400 -380 -360 -340 -320 -300
3500'
3000'
2500'
2000'
1500'
1000'
500'
180
170
160
150
140
130
120
110
100
90
0
KTS.
HEIGHT ABOVE AIRFIELD
3° ILS GLIDE PATH
relative Approx. position of
1st. Engine failure
2nd. Engine failure
2000ft./min.
1400ft./min.
0° FLAP
10° FLAP
15° FLAP
1·1×STALLING SPEED
HOTEL GOLF THREE FIVE
Heading 245° descend on glide path
9 miles from touch-down
ROGER
Well left of centre-line
WE'LL TURN RIGHT A LITTLE
6 miles from touch-down established
Hotel Golf do you read
OVERSHOOTING TROUBLE WITH RPM
Turn left on to 160°
WHAT WAS THE LEFT TURN ON TO
Continue right on to 020°
SAY AGAIN THE HEADING
9 30 8 7 30 30 5
0900 0901 0902 0903 0904
B.O.T., COPS 10 D.O., Drg.No.5222 11-12-67

時間とは失われていくものだ。時間はいつも一方向にしか流れない。一九二八年、イギリスの宇宙物理学者アーサー・エディントンは時間の不可逆性を表す「時間の矢」という言葉を作り出した。エディントンはある物体から別の物体に熱が伝えられるときに、常にエネルギーの一部が、なににも使われずに失われていっていると述べたドイツの物理学で数学者のルドルフ・クラウジウスとフランスの物理学者サディ・カルノーの理論に基づいて考えた。クラウジウスはこの尺度をエントロピーと呼んだ。彼はこの言葉を失われていっているエネルギーという言葉に似せた。エントロピーは熱力学第二法則を裏付ける原理であり、時間は前に進むように後ろに進むことはできないということを証明する唯一の物的証拠になっている。一つしか証拠がないと言ったら薄弱だと思うかもしれないが、我々の周囲にあるエントロピーを考えたら意見が変わるだろう。コーヒーが飲んでいる間に冷めていくこともそうだ。昨日照っていた太陽のエネルギーもそうだ。木から葉が落ちるのもそうだ。帝国が滅亡するのもそうだ。あなたが返信しない電子メールもそうだ。物理学ではエントロピーをシステム内の不具合として語る。エントロピーが低いシステムはよく統制され、結びつきが強く、可能性に満ちている。失われた太古の世界、大陸が分離する前のパンゲア大陸、冷蔵庫内の開けていないパックの卵。エントロピーは放出だ。オムレツ、崖の侵食、ツバメの渡り、ウイルスの伝染、停滞する精神病院、カオス、気候変動と死。クラウジウスは規定する。「宇宙のエントロピーは最大へと向かう傾向がある」

エントロピーは人間だ。我々にはわかる。エディントンは我々の意識が時間の矢の概念をどれほど自然に把握しているかに衝撃を受けた。時間は流れている。その仕組みはわからなくても、みなそれには納得している。物語は進んでいく。私の肌はかたくなり、目尻にはしわができてくる。私たちは若くなることはない。物理学者の中には、我々の生命の有限さはエントロピーの概念の影響下にあり、そのせいでそこから逃れられないと実際以上に思い込んでいると主張する者もいる。イタリアの理論物理学者カルロ・ロヴェッリは二〇一八年の著書『時間は存在しない』で増大していく宇宙のエントロピーは、とても簡単に言えば、我々の見方に過ぎないと述べている。我々は全存在のほんの片隅にある小さなシステムの中で生きているが、その中では法則があてはまっているように見える。しかし違う場所や違う時間の中ではどうだろう？過去のエントロピーが現在に比べて少ないとどうしてわかる？　あるいは未来のエントロピーは本当に増えているのか？　我々は全体像のほんの一部を見ているのに過ぎないのだ。

我々とエントロピーとの関わりは、我々が常にそれと戦わなければならないことから明らかだ。我々は家を片付ける。新しい大統領を選ぶ。しおれたバラの花を摘み取る。カップル・セラピーに行く。我々はもう元通りにならないとわかっているものでも、なんとか元に戻そうとする。ニューロイメージングのパイオニア、カール・フリストンの研究は予測する脳の理論の中心になっているが、彼はエントロピーのことで頭がいっぱいだった。彼はエントロピーの減少、つまり秩序に逆らっている現象をすべての形の生命のゴールだと考えた。フリストンはこのアイデアを「自由エネルギー原理」と名付けている。フロイトもその言葉を使っていて、脳が常にエネルギーを節約して使おうとしていて、その結果すべての精神の働きにおいて、不必要な減少を防ごうとしていることを表現している。論理的には、我々が世界を正確に予測できれば、より少ないエネルギーでそれに対処し、その変転に適応し、より長く、より充実して生きることができる。「エントロピーを最小化することは時間の経過とともに驚きが減っていくことと一致する」とフリストンは二〇〇九年に書いている。自由エネルギー原理は、我々の記憶や直感や予想を使って、我々が遭遇するあらたな現実をよりスムーズに経験できるようにする。それ以上に、我々の行動も支配し、なんとか現実を曲げて、我々の認知とうまく合致するようにしている。全宇宙のエントロピーは減らない。我々はみな死なねばならない。しかしそうなる前に、これから起こる出来事を事前に見ることは、有限の生命を持った我々ができる時間の流れを遅くしようと試みる方法なのだ。

☆

ブリン農場はシェルトン病院の一七マイル西、シュローズベリーのナントマウアー村の外れ、ウェールズ州との境界の近くにある。一九六七年一〇月二五日、農家のノーマン・エルスは豚のことで獣医に電話をした。歩けなくなっている豚が複数いたのだ。エリスは数日前からこの問題に気づいていたが、関節炎にかかっているのかもしれないと思っていた。しかしその朝やってきた農業省獣医局の職員は口蹄疫と診断した。口蹄疫は非常に感染力が強く、農場に甚大な経済的損害をおよぼす疫病だった。羊、牛、豚、山羊、鹿など偶蹄類の動物はみなこのウイルスに感染する可能性がある。この病気にかかった動物は通常は死ぬことはないが、その後一生、弱ったままになる。この病気は一五四〇年代にベローナの学者ジローラモ・フラカストロによって最初に発見された。フラカストロは一三〇〇行もの詩で梅毒の世界初の医学的説明を書いた人物でもある。

エリスがブリン農場で飼育していた六七匹の豚はすべて感染しているようだった。獣医はCという記号を書いた。これは五マイル半径ですべての動物の移動を禁止することを表していた。この日は水曜日で、四・五マイルほどのところにあるオスウェトリーの町ではマーケットが開かれていた。オスウェストリーはイーノックの担当地区だった。エリスの乳牛二頭はすでにマーケットに出されていた。その日売られる三二九七頭の動物たちと一緒に。マーケットは中止され、家畜たちは収容された。エリスの牛たちはすでに売られていたが、パトカーが牛を運ぶトラックを停めさせ、牛たちをブリン農場に戻した。その日一日中、オスウェトリーの家畜はすべて検査され、感染していないことがわかると、解放された。

パニックになるような直接的な原因はなにもなかった。ブリン農場での感染はこの年のイギリスで三例目の口蹄疫の発見だった。前月のワーウィックシャーでの感染は四つの施設で封じ込められた。豚が診断された翌日、競売人が獣医二人を連れてやってきて、このときにはすでに射殺されて果樹園に埋められた残りの家畜たち、八九頭の牛と二四四頭の羊の値踏みをした。エリスの妻は彼らに子羊のローストを振る舞った。(六週間後、イギリス政府はウイルスがイギリスに持ち込まれた経路は、アルゼンチンから食肉用に輸入された七七〇頭の羊の胴体だと結論づけた。そのうちの一頭分をエリスは買っていた)。

土曜日、エリスと共同で豚の体重計を使っている隣の農家が口蹄疫を報告した。一〇月三〇日には七件が報告された。そのうちの一件は一〇〇マイル離れたランカシャーだった。二日後は一九件。そこから件数はどんどん増えていった。一一月の後半には、この動物流行性の病気はピークを迎え、二〇〇〇平方マイルの農地で一日に八一軒の農場であらたな感染が報告された。ウェールズとの境界、リバプールの近くまで広がるチェシャーの平原に六〇年代のイギリス最大の密度で家畜が存在していた。そこらじゅうにある死骸を焼却するための薪の山がいたるところにあった。五〇万頭もの牛や羊や山羊を射殺するために軍が応援に呼ばれた。死骸を引きずって移動させるための鋼鉄製の鎖が不足していたので、RAFのヘリコプターが牧草地の上をホバリングして網から鎖を投げ落とすというやり方で農場から農場へと受け渡した。死骸を焼却する煙が秋の凪の中に漂っていた。

ウイルスはバーカーの自宅の隣の農場にまで到達した。子供たちは農夫たちが入口に消毒した藁を敷くのを見たし、牧草地に何度も銃声が響くのも聞いた。エリスの豚からはじまった大流行は二〇世紀イギリスで最悪の口蹄疫禍となった。田園地帯は静

1967 年 10 月、シュロップシャーで発生した口蹄疫。
（シュロップシャー州公文書館）

まりかえった。シュローズベリーとシェルトン病院は田園地帯の真ん中にある。病院には通常の日常生活がひっくり返ってしまった、町や村から来ている患者やスタッフがたくさんいた。学校は閉鎖され、歩道も封鎖された。

病院でバーカーは絶望感と戦っていた。先月、彼はシェルトン病院の慢性患者である老人を対象に、彼らの生活を改善できるかという一八ヶ月におよぶ調査を終えた。毎週木曜日の朝、バーカーと嫌悪療法の調査員メイベル・ミラーは混み合った入院病棟をまわり、一一六人の男女の治療の改善を進めていた。投薬をされていれば、その内容を変えたりした。面会を手配するために家族と連絡を取ろうと試みたり。通常の生活に戻る準備ができている患者には退院のための中間施設や療養所までの交通手段を手配したり。一年半ほどの賢明な助力により、彼の患者のうち三四人が病院を去っていた。一八人は死んだ。バーカーが退院させることができた一六人のうち、自宅へ帰ったのは二人だけだった。患者の家族のほとんどはもう患者とは関わりたがらなかった。同じ時期にバーカーはあらたな慢性患者一八人を受け入れさせられている。

バーカーはこの試みの結果、イギリスの精神病院を変えようとしている医師や改革者たちと同じ絶望感と怒りを経験することになってしまった。六年前、一九六一年の春、当時の保健相イノック・パウエルは、今こそイギリスのヴィクトリア朝時代のままの旧来の精神病院を打ち壊すべきだと宣言した。「これは途方もない事業だ」。パウウェルはブライトンで開かれた会議で述べた。「それらの病院はそびえ立ち、周囲から孤立して、尊大で、給水塔兼煙突が高く突き出ていて見間違いようがなく、郊外の人々を威圧している。我々の先人たちが当時の考え方を恐ろしく強く表明しながら築いた病院だ」

パウエルはこうした病院を物理的にも概念的にも一掃したいと思っていた。「病院とはどんなに複雑であっても、ある治療を行うための外皮であり、枠組みであり、そしてその治療が変わったり、停止されたりしたら、外皮をはがし、枠組みを取り外さねばならないという考えを我々は頭にたたきこまねばならない」

改革の倫理的、知的問題は議論の余地がなかった。一九五五年以来、抗精神薬が登場して重度の患者の治療を一変させる助けとなった。このときはじめて、精神病患者の大半が通院でも、一般の病院でも、家の近くの小さなクリニックでも治療できるかもしれないと考えられるようになったのだ。患者を長期にわたって閉鎖的な環境に置くこと自体による弊害を証明しはじめた医師たちもいた。一九五九年、かつてベルゲン・ベルセン強制収容所の生存者たちの治療を助けたエセックスのセヴェラルズ病院の精神科医ラッセル・バートンは、慢性患者の多くを悩ませている苦痛を「施設型ノイローゼ」と名付けた。バートンはこの症状の原因を七つに分類し、その中には強制的になにもさせないことや「個人的な出来事の喪失」などがある。患者たちは未来という概念を失うと彼は述べている。

しかし国中の精神病院を廃止するか、劇的に縮小するには組織の現状を克服しなければならなかった。一九六七年の夏、精神療法士で精神衛生運動家のバーバラ・ロブは『すべてを失って』という題名の、患者や看護師や医師たちから匿名で聞き、どれだけ実情が変わっていないかを記したぞっとするような手記を刊行した。ロブがこの本を書こうと思い立ったのは、一九六三年にロンドン北部の二〇床の精神病院フライアン病院に入院した元患者、エイミー・ギブスを助けようとした経験からだった。ギブスは七〇代のはじめで、芸術家でもある仕立屋だった。不安と薬の副作用による症状が出て、フライアン病院に送られた。しかし入院病棟に入るとすぐに彼女の精神状態は急速に悪化した。一九六五年の大半、ロブは週に二回ギブスに面会し、ときにはカセットレコーダーをバッグにしのばせていった。そしてギブスを退院させようと全力を尽くした。

この本には組織性神経衰弱のすべての現実が記録されている。病棟に来るまでは元気だった老年の患者たちが入れ歯もめがねも補聴器も、そして自我も奪われる。ロブが見た看護スタッフは人前では暴力的な態度を取るわけではなかったが、無理をしていて、短気だった。彼らは患者を子供のように扱った。ケアをさぼるためにありとあらゆる言い訳をしていた。ロブは運動グループＡＥＧＩＳ（公営施設にいる老年患者の支援）を立ち上げ、ハムステッドのコテージに住みながら運営をした。ロブは五五歳で人脈もやる気もあった。彼女には少し不思議な力があった。昔ながらのカトリックの家庭で育ち、「私の血管には六人の殉教者の血が流れている」と自ら言っていた。一九四九年、エプソム競馬場で行われるダービーの前日、ロブは一着から三着までの馬を順序も正しく、夢に見た。彼女は精神分析医の訓練を受け、ユングに会うためにウィーンに行き、「とてもすばらしい。もしアニマが存在するとしたら、それはこの人だ」と彼に言われた。ロブの率直な物言いと知名度のおかげで、なかなか変わらない病院から抜け出せず、彼女と同じように感じている医師や看護師たちから希望のしるしとして見られていた。イーノックもロブの支持者だった。彼は『すべてを失って』にシェルトンでの経験を基に書いた一章を寄稿している。バーカーが患者の調査を終えた頃に、イーノックはAEGISに原稿を送っていた。

一二月のはじめ、シェルトンの農場の動物たちの中に口蹄疫に感染しているものがいるのが確認された。一二月四日、病院が所有していた家畜すべてである牛六八頭と豚二三四頭が殺処分された。ある意味、この大虐殺のせいでシェルトン病院は旧来の精神病院から変わらざるを得なくなった。農場を復興できず、売却した。そのせいで病院内だけで完結してやっていくことができなくなった。一〇日後、バーカーはシェルトンのメイン・ホールで長期入院患者の人数について講演した。リトルジョンと他の顧問医たちとともに、地元の保健当局の人々もやってきた。バーカーは照明を消してくださいと言うと、彼が病棟を回って出会った老いた男女の写真のスライドを映写した。「完璧な状態にあるとは言えない二人の紳士です」。服の前面に食べ物のしみをつけた老人たちの写真を見せながら、彼は言った。他の患者たちはネクタイや衣服の一部がなくなっていた。だが、つらい気持ちになるような写真ばかりではなかった。第七病棟で看護師に丁寧にケアされている女性患者の写真を見せる。「とても陰気な顔をしていて、たいそう青白く、弱々しく見えます」と彼は言った。「けれどこうした患者こそ我々が世話をしなければならないのです」

彼は冷静な状態と傷つきやすい状態に交互になった。保健省によると、一九七五年にシェルトン病院は四四八床になる予定だった。一九六七年の秋の時点から言えば、今後八年の間に患者が四〇パーセント減ることになる。しかしバーカーは病院の看護師や管理スタッフの給与がベッドが埋まっている数によって決まるシステムになっているせいで、彼らが病棟を空けようという意思をあまり持たないことを指摘している。「このせいで、我々は入院患者数を減らそうと思うのではなく、維持しようとしてしまっている」。彼がそう語りかけると、同僚たちは黙り込んだ。「みなこういうことを、なにかのついでにしか語らない」

バーカーは次々と統計のスライドを映写した。シェルトン病院の慢性患者のうち六九パーセントが五年以上入院している。女性患者の一四パーセントが電気ショック療法を受けている。慢性患者の七七パーセントがシュローズベリー都市部ではなく郊外からやってきている。彼は考えながら話し、この発見の中には彼らのためになるからよかったものがあると言った。「この辺りの地方の郊外の患者たちに精神疾患になりやすい傾向があるのか……はわからない」。彼は未婚の入院患者にはもっとも面会者が少ないことを発見した。「これは意外ではないでしょう」とバーカーは言う。「けれどこういうことを知っておくのは自分のためになる」。ある時点で、彼の勢いは消え去った。彼は講演の最後に、自身も仕事の中で老年の患者たちをおろそかにしてきたと認めた。「しかし多くの慢性患者は我々の病院が唯一の希望だと思っているのです。彼らは残りの人生をここで過ごし、ここで死んでいく」とバーカーは言った。「そして、だからこそ我々は彼らにとって快適な環境を作らねばならない……」。彼は正しい言葉を探した。「そうですね、我々自身の親類であるかのように」

この後ディスカッションが行われた。このレクチャーを院内教育の一環として企画したイーノックは甲高い声で辛辣に言った。「問題の答えは出ているんです。この病院はなんのためにあるのかという問題の」と彼は主張した。リトルジョンはいつもの通り、ほとんど発言しなかった。年配の医師たちの一人、ドクター・トーマスはアバゲニーの精神病院で勤務していた頃を振り返り、死亡率と退院率は一二〇年前とほぼ同じだったと語った。「非常に恥ずべきことだった。保健省がそれに気づいていると は思わない」

若き改革者バーカーとイーノックが会話をリードした。「あなたの研究に使っていただいた見返りがあるといいのですが」。イーノックはリトルジョンの前で、トラブルの元になっているバーカーの目立ちたがりな性格をからかった。「ああ、『ニュース・オブ・ザ・ワールド』にこのまま出るよ」。バーカーはタブロイド紙の名前を出して答えた。「そのままニュース・オブ・ザ・ワールドにね」

バーカーは同僚たちと話しながら、病棟いっぱいの、すべてを奪われ、じっとしている長期入院患者たちに対面したときの違和感を再び感じた。彼らはおそらく病院にいるべきではないのに、他に行く場所がないのだ。「こうした人々を見過ごすのは簡単です。病棟を見回って、『よろしい、ではこの病棟は終わり。なにも問題はなかった』と言えばいいのだから。そしてそれが当たり前になってしまえば、何ヶ月も、何年も、ずっと放置しておくことができる。それを私自身もよく知っています」。バーカーは言った。「たぶん、そのせいもあって私は彼らを訪ねたのです」

話はバーカーがみなの道義心の向上に大きな影響力を持つと考えている患者の衣服や身だしなみに戻った。

「どちらが先に死ぬだろう？」。イーノックが口を挟んだ。「いまいる慢性患者たちと鈍感な年寄りのお偉方は」

「慢性患者たちだ」とバーカーは答えた。彼はためらわず続けた。「お偉方はいなくならない」

予知調査局は彼に逃げ場を与えてくれた。ジェニファー・プレストンのもとには毎日ニュースルームへの手紙や電話という形で一つか二つの報告が届いていた。一九六七年の一年間に予知調査局には四六九件の警告が寄せられ、そのうちの多くは検証することが不可能なことがわかった。しかし中にはフェアリーが喜んで「目玉商品」と呼ぶものもあった。

五月二二日、ノーフォークのセットフォード在住のリン・シンは前の夜に「ものすごく遠くで非常に大きな火災が発生している」夢を見たと書いている。「巨大な梁（はり）のある大きな建物が見え、炎が一〇〇フィートもの高さにまで上がって燃えさかり、「数秒ごとに突然鮮やかな閃光が走る。これは強力な爆発があったのだと思う」。シンがこの手紙をイーストアングリアで投函した月曜日の午後二時四五分とちょうど同じ

ジェニファー・プレストン
（提供：ジョナサン・プレストン）

頃、ブリュッセルのニューヴ通りにあるアール・デコ調の巨大なデパート、イノバシオンに消防士たちが到着した。建物の中では中央のアトリウムで高く炎が上がり、アーチを描く金属製の梁に支えられているガラス天井にまで届いていた。この火災で二五一人が死亡し、デパートの建物は数分で焼き尽くされた。これはいまでも戦時中を除くベルギー史上最悪の災害である。キャンプ用品売り場にあったブタンガスのタンクに火が回ると、炎は閃光をあげて燃えさかった。

二ヶ月後の六月五日、エジプト軍がスエズ運河の両端を封鎖し、イスラエルとの六日間戦争が勃発した。これはキングズ・リン在住のマイケル・サドグローヴが見た「五月の終わり頃に商船がスエズ運河で立ち往生する」という予知夢が実現したことになった（この後一五隻の船が八年の間、スエズ運河から出られなかった）。

フェアリーは賭けのオッズに一喜一憂していた。一九六七年、大障害競馬グランドナショナルでは、特に問題のないフェンスで想定外の衝突があり、オッズ一〇〇倍の穴馬フォイナヴォンが勝った。このレースの翌日、ジョージ・クラマーという若いオーストラリア人が予知調査局に電話をしてきて、前日の夜、フォイナヴォンの色を夢で見たから、一着になるのを知っていたと主張した。フェアリーはまた電話をしてほしいと言った。二ヶ月後、エプソム・ダービーの日の朝、クラマーの友人が電話をしてきて、彼に代わった。クラマーは興奮状態だったが、騎手の色二色と優勝馬が先頭を駆け抜けていくビジョンを見たと言った。今回の色は二〇倍のリボッコという馬の騎手のものだった。「フォイナヴォンがナショナルに勝った前日と同じだ」とクラマーは言った。リボッコはエプソム・ダービーでは二着だったが、翌月のアイリッシュ・ダービーではジャッキー・ケネディが観戦している前で優勝した。「予知か偶然か」。フェアリーは『スタンダード』紙に書いた。

バーカーとフェアリーはこのプロジェクトに熱意を注ぎ込み続けた。九月、バーカーはロンドンへ行き、動物学者で後にオックスフォード大学で宗教経験研究センターを立ち上げることになるアリスター・ハーディが主宰するテレパシー実験に参加した。ハーディは第一次大戦の自転車部隊に従軍中にESPに魅せられた。彼はイギリスの東沿岸部リンカンシャーに配属され、そこでSPRの初期のメンバーであった未亡人と知り合った。彼女は彼の心を読めるようだった。一九六七年の秋、すばらしい実績をあげたクジラとプランクトンの研究から引退した彼は、ウェストミンスターのカクストン・ホールで野心的な公開実験を行った。七週間にわたって毎週月曜日にハーディは同じステージに立ち、チョークで大きな図を書いたり、写真を映写したりする。それを二〇〇人の人々が目張りをして暗くした小部屋にいる二〇人の被験者に向けて、テレパシーで伝えようとするのだ。それから被験者たちが受け取ったイメージを描く。

九月一八日、バーカーはその暗い小部屋の一つにいた。彼は一〇のうち二つしか受け取れず、落胆した。「私自身の出来はかなりお粗末だった」。しかし彼はこの調査の専門性には感嘆した（ハーディは実験全体で二一一二の反応のうち「当たった」のは三五だけだったと判定している）。

バーカーは『スペクテイター』紙の元編集者で後にイギリスの超常現象支持者のリー

ダー的存在になるブライアン・イングリスにも連絡を取っている。二人は手紙のやりとりをし、バーカーは一一月六日に夕食をともにしようと提案する。その日、彼は王立医師会の会議に出席してアバーファンでの調査について話すためにロンドンに行くことになっていた。彼は当日の朝にシュローズベリーを出発するつもりだった。

その数日前、ミス・ミドルトンは異常にはっきりした警告を予知調査局に送ってきていた。一一月一日、彼女は自分がひどく落ち込んでいることに気づいた。エドモントンの自宅のキッチンに座っているときだった。「だんだんとなにかの筋が見えてきて、それからまぶしい光がひらめいて、その後は灰色の霧みたいなものが見えました。場所がどこなのかを見分けようとしました」。後に彼女は語っている。「頭の中に『電車』という言葉が何度も浮かんできました。電車……電車と」。彼女はこのビジョンのことを予知調査局への手紙に書いた。「私は衝突事故を見ました……たぶん鉄道で……駅も巻き込まれているかもしれません……駅で電車を待っている人たちとチャリング・クロスという言葉。『衝突』という声も聞きました」。一〇月一一日、ヘンチャーも幹線鉄道の衝突事故を警告する手紙を書いた。その事故では多くの死者が出て、車両の上に別の車両が乗り上げて横転するという。

一一月五日、バーカーがイングリスに会う予定の前日の夜、イングランドの南沿岸のヘイティングス駅からチャリング・クロス行きの一九時四三分発の急行が出発した。この日海沿いは昼間は穏やかな天気だったが、夜になると寒く、雨が降っていた。車内は帰路につく日帰り旅行客や明日からの一週間のために首都ロンドンに向かう会社勤めの人々などで混雑していた。チャリング・クロスから一三マイル離れたセブンオークスの駅で運転士が交代し、四分遅れで、通路に乗客が立っている状態で発車した。新しい運転士はドナルド・パーブスという名前だった。彼はこの線の運転は九年目で、二時間前にも一七時四三分発の列車を運転し、同じルートを走っていた。列車がロンドン南東部の郊外の駅グローブ・パークを過ぎる頃、パーブスはこの街の速度制限に従って速度を時速七〇マイルから六〇マイルに落とすために、エアブレーキを準備した。

パーブスはブレーキに手を伸ばしたときに一瞬、長さ七五〇フィート、重さ五〇〇トンの列車が引っ張られるのを感じたという。パーブスはブレーキを作動させるのが早すぎたかと思い、一瞬そのままブレーキが落ち着くのを待った。彼が感じたこの引っ張られる感じは脱線のせいだった。三両目の前部の二つの車輪が線路の五インチの隙間にはまって跳ね、線路から外れた。次の駅ヒザー・グリーンの信号手アルバート・グリーンは列車の下から噴水のように火花が上がっていたのを見たと語る。車内の乗客たちはまるでガラスの上を走っているような音がしたという。客車に岩が当たる音を聞いたという乗客もいた。グレイという警備員は六両目の窓から頭を突き出して、帽子がぶつかって落ちた。彼は乗客に床に伏せろと叫んだ。列車はそのまま四六三ヤードを走り、脱線した車輪が交差する線路に当たって四両が横転した。乗客の身体は人形のように投げ飛ばされた。客車二両は側面が引きちぎられた。列車の窓はすべて砕けた。屋根は押しつぶされた。線路には椅子や荷物や新聞やコーヒーカップが散乱した。「すべては本当に一瞬の間に起こった」。パーブスは語る。動力車にいた彼は後部車両すべてが持ち上がるのを感じ、それから非常に大きな衝撃音を聞いた。緊急ブレーキが作動する。彼が乗る車両は線路を二二〇ヤード走った後に停まった。彼が降りて確認すると、残りの車両はなくなっていた。

最初の救急車が到着したのは六分後だった。警官や消防士や地元の住人たちが築堤に駆け上ってきた。列車の残骸はヒザー・グリーン駅のすぐ手前、チャリング・クロス駅まであと八マイルという地点のセント・ミルドレッド・ロードにかかる橋に散乱していた。救助隊はロープを使って、生存者たちが雨で滑りやすくなっている暗い築堤を避難するのを導いた。救急車の青いライトと消防士が使うアングルグラインダーから出る火花が線路を照らしていた。この事故で四九人が死亡したが、当初はもっと死者が多いと考えられていた。脱線事故の瞬間、アラン・ヘンチャーは電話交換の仕事のシフトに入っていた。そしてひどい頭痛を訴えて、医務室に連れて行かれた。午後一〇時一五分、彼は手紙を書いた。内容は列車事故があったと思う、それは一時間ほど前ではないか、というものだった。ヒザーで列車が脱線したのは午後九時一六分だった。

ミス・ミドルトンの「チャリング・クロス」の予知とヘンチャーが医務室に運ばれたことで予知調査局はまた一面を飾った。翌日レクチャーのためにロンドンにやって来たバーカーはBBCのインタビューに応じた。『イブニング・スタンダード』紙のライバル『イブニング・ニュース』紙はイギリスの六〇年代最悪の鉄道事故となった脱線事故の記事とともに「二人が知っていたという奇妙な出来事」という記事を一面に載せた。『イブニング・ニュース』紙の科学担当記者マイケル・ジェフリーズはヘンチャーとミドルトンについてこう書いた。「私は今日、動揺している二人と話をした。夢を見ているときも、あるいは起きているときも、二人はなんらかの方法で、時間の垣根を越え……我々よりも早くこの脱線事故の発生を見たのだ」と。バーカーはジェフリーズにこう語った。「二人の証言は完全に本物です。正直に言って、私は驚きました」

☆

脱線事故での負傷者は七八人にのぼった。そのうち一等席に座っていた一〇代のカップルは軽傷だった。少年は長髪で歯が少し出ていて、いたずらっぽい目をしていて、マッキントッシュのレインコートを着て、中折れ帽をかぶっていた。少女の方は緑と白のツートンカラーで毛皮の襟がついたコートを着ていた。

少年は一七歳で、名前はロビン・ギブ。ビージーズのボーカルであり、一緒にいたのは婚約者のモリー・フリスで、彼女はビージーズのマネージャーで、ロバート・スティグウッドの会社の受付係だった。ギブは事故当日の朝、ベルリンから飛行機でロンドンに戻り、ヘイスティングスでフリスとその両親と一日を過ごし、両親から移動の間に食べるようにとパンプディングとりんごをもらっていた。フリスはギブにこんなに移動が多いのだから、旅行保険に入るべきだと冗談を言っていた。列車が揺れはじめたとき、フリスはロンドンに入るときはいつもこうなのだと言ってギブを安心させようとした。急行列車は速すぎるからだと。しかしギブは彼女の言葉を信じなかった。彼は立ち上がって非常コードを引いた。ちょうどこのとき電灯が消え、客車が転覆した。「線路の大きな切れ端が僕の顔のすぐ横を飛んでいって、ぶつかった」。ギブは翌日記者に語っている。「まるで僕たちの周りで列車が粉々になってしまうような感じだった。ある瞬間は荷物棚の上にいたと思ったら、次の瞬間には床に落ちていた」。ギブはフリスを助けながら割れたガラス窓から外に出た。彼の髪にはガラスの破片がいっぱいついていた。服には油がついていた。彼らは歩いて車両の上に上り、割れた窓から生存者を引っ張り出した。恐ろしい悲鳴があがっていたという。「バタシー遊園地に行こうとしただけなのに」。ギブは冗談を言った。この日はガイ・フォークス・デイだった。雨の中に花火がきらめいていた。

その後、ギブは自分とフリスが生き残れたのは一等席に乗れる金のおかげだったたと言っている。彼らが乗っていた車両の通路は立っている乗客でいっぱいだったが、その乗客たちがもっとも大きな衝撃を受けたのだ。ビージーズの最初のヒット曲は一九六七年の「ニューヨーク炭鉱の悲劇（原題：New York Mining Disaster 1941）」という曲だ。ロビンは兄バリーとともにボンドストリートの近く、ストラドフォード・プレイスにあるポリドール・スタジオの暗い廊下で三月のはじめのある夜にこの曲を書いた。地下から出られなくなった炭鉱夫たちが救助を待っているという内容の曲で、四ヶ月半前のアバーファンの惨事にヒントを得て書いた。「あの歌はものすごく考えて書いたわけではない。あれは大災害の歌だし、大災害はいつも起こる」とバリーは後に語っている。「そんな感じが急にやってきて、歌も急にできたんだ」

　ギブ兄弟はマン島で生まれたが、オーストラリアで育った。六七年の一月に船でロンドンにやってきてポップスターになった。「ニューヨーク炭鉱の悲劇」は彼らの初シングルで、アメリカのチャートで一四位にまで到達した。これはラジオ局もリスナーたちもビージーズはビートルズが別名でやっているバンドだろうと信じていたことも一因だった。プロモーション用に配られたシングル・レコードには白紙のラベルが貼ってあり、Bではじまるイギリスのバンドのものだという情報が添えられていた(『BG』というのは『ビートルズ・グループ（Beatles Group）』の略だというデマもあった)。この曲は奇妙でちょっと不気味でもあった。「僕に起こったこの出来事」とロビンは歌っている。題名に意味はない。一九四一年のニューヨーク炭鉱事故などというのは実在しない。DJたちはあいまいで謎めいた紹介をして、この曲を流した。みないったいなにを聴いているのかわからずに聴いていた。人々は自分たちの聴きたいものを聴いた。

IV

一九九五年のある日、大聖堂があるドイツの街マインツで、五一歳の女性が頭蓋内基底部で肥大している腫瘍を取り除く手術をするために病院にやってきた。その女性フラウ・Kは礼儀正しい小柄な女性で、複雑な病歴のせいか、年齢より老けて見える。はじめて手術を受けたのは一六年前で、それ以来何度も入退院を繰り返してきた。患者としての彼女は控えめで、手術の二日前に主治医である四四歳の神経放射線科医ウィブク・ミュラー＝フォレルに会ったときにも特に印象的なことはなかったという。「彼女はいい人で、愛らしくて……私にとっては、小柄でかわいいおばあさんでした」とミュラー＝フォレルは振り返っている。手術の内容は腫瘍につながる血管を閉鎖して血液が流れ込むのを止める塞栓術だった。塞栓術は、脚や背中から動脈に非常に細い管を挿入して、問題の箇所まで細い血管内を注意深く通し、そこで小さなプラスティック片を使って血管を塞ぐ。腫瘍への血流を止めることによって、後日行う腫瘍の摘出手術をやりやすいようにするのだ。塞栓術はよくある手術なので、通常の麻酔はかけず、鎮静剤を投与して行われる。塞栓術という言葉は、通常は身体のどこかをふさぐことだが、この言葉はもともと、月の満ち欠けの周期一二ヶ月分と地球の公転の周期三六五日のズレを合わせるために日を足すことを指していた。閏日(うるうび)を入れることだ。時間を修正するのだ。

実際にはフラウ・Kは不安だった。彼女は塞栓術を望んでいなかった。病院にも手術にも嫌気がさしていた。腫瘍はずっと前からあったが、痛みはなかった。手術が必要であると彼女を説得したのは夫だった。フラウ・Kは夫に今回は死んでしまうのではないかと恐れていると打ち明けたが、夫の意見は変わらなかった。ミュラー＝フォレルらマインツ大学医学部神経放射線学センターのスタッフはこの経緯をまったく知らなかった。手術の日、フラウ・Kは異常なほど不安そうだった。彼女は手術はどのくらいの時間がかかるのか、今のところうまくいっているのかを何度も尋ね続けた。「とても、とても、とても大変だった」とミュラー・フォレルは振り返る。声をかけても、薬を使っても彼女をなだめるのは難しかった。麻酔医はフラウ・Kを「精神的に不安定」と判断し、強力な鎮静剤であり、他の作用とともに、脳にあらたな記憶を作らせない作用があるミダゾラムを投与した。また、「交感神経の発作（発作性交感神経亢進）」が起こる可能性を減らすためにメチマゾールも投与した。「交感神経の発作」というのは、「ヴードゥー教の呪い」を研究していたウォルター・キャノンがカテコラミンというストレスホルモンが心臓に影響をおよぼすことを表すのに使った言葉だ。

フラウ・Kは眠くなり、ほとんど植物状態のようになり、塞栓術は再開されたが、彼女の恐れは手術室に漂い続けた。ミュラー・フォレルはフラウ・Kを担当する前にも後にも、自分はまもなく死ぬのだと信じ込んでいる患者を診たことがあった。彼らは彼女がどれだけ病気の具体的な危険度を説明しても、また彼らが彼女の医師としてのスキルを心から信じていたとしても、変わらなかった。彼らのほとんどは自分が死ぬことを完全に冷静に受け止めていた。彼らの予想通りになることもあった。フラウ・Kもその一人だ。「計画通りに手術が進んでいる間の、彼女のもうすぐ死んでしまうという恐怖はとても顕著だった」。ミュラー・フォレルは後に症例報告に書いている。

ミュラー・フォレルが左の脊椎動脈にカテーテルを挿入すると、フラウ・Kは鎮静剤を投与されているのに、突然不快そうにうめき声を上げ、意識不明になった。脳内で動脈瘤が破裂した。くも膜下出血を経験した人は、その痛みを頭を殴られたような衝撃と表現する。イギリスの医学界では頭の中で雷鳴が鳴るようだと言う。ドイツでは「壊滅的な頭痛」と言う。緊急CTスキャンと血管造影を行った結果、フラウ・Kは脳から脊柱にかけて広範に出血していることがわかった。彼女は二日後に亡くなった。最初、ミュラー・フォレルら病院のチームは自分たちになにかミスがあったのではないかと考えていた。医師は患者への対応では良いときも悪いときも責任を問われることに慣れている。しかし検死の結果、手術ではミスは一切なかったことがわかった。フラウ・Kは健康的ではなく病気もあったが、医学的な証拠から、彼女の死因は恐怖だったことがわかった。一九九九年にミュラー・フォレルはこの症例を発表した。「精神的なストレスが動脈瘤の自発的な増大と破裂のきっかけになることがあるだろうか?」というタイトルだ。

☆

自分の健康状態に関して、悪い予想をすること、たとえば恐れを抱くことがもたらす影響はノセボ効果と呼ばれる。この言葉はイギリスの医師で公衆衛生のエキスパートでもあったウォルター・ケネディが六〇年代のはじめに、良い効果であるプラセボの反対の現象を言い表す言葉として使ったのが最初だ（プラセボはラテン語で「私は満足するだろう」という意味であり、ノセボは「私は害を与えられるだろう」という意味だ）。ケネディは第二次大戦中、医療情報員の中佐をつとめていた。彼はナチスの軍隊の薬の秘密に関する情報を収集するためにドイツ語の医学論文を翻訳していた。戦後は製薬業にも進出したイギリスの飲料メーカーであるディスティラーズ・カンパニー社の最高医療責任者になった。一九五六年、ケネディはドイツ西部アーヘンから帰ってきた。そのころ鎮静剤の画期的な新薬であるサリドマイドを開発したドイツの製薬会社グリュネンタール社に赴いて調査をするための出張だった。ケネディは自分自身でその薬を試してみて、喘息にすばらしくよく効くのがわかった。彼はディスティラーズ社にできるだけ早くこの薬のイギリス市場での販売許可を取るように勧めた。

ケネディは「ノセボ効果」という言葉を、筋が通った理由もないのに患者に起こるあいまいで不特定のネガティブな反応に使った。特に薬の治験のときに使っていた。「医療側ではなく患者に内在する性質を示している」と彼は書いている。ケネディはこれが特にオリジナルのアイデアだとは主張しなかった。「医師はみなノセボ反応を示す患者に出会ったことがあるはずだ」。「そう診断はしていないとしても」ケネディはノセボ効果は人それぞれに特有なものだから、効果を明らかにするのに十分な規模での調査は難しいのではないかと考えた。彼は夢の内容と同じようなものではないかと述べている。ノセボ現象を興味深い小さな刺激と考えていた。彼にとっては新薬を作ったり、導入したりする本業以外のちょっとした気晴らしだった。ケネディはどれだけの有益な薬が治験の際に被験者の心因性の疑わしい反応のせいで放棄されているかと思っていた。

イギリスではサリドマイドはつわりの薬として「完全に安全」だとして認可されていたが、実際に妊婦による治験を行ってはいなかった。プラセボ効果もノセボ効果も関係がなかった。サリドマイドはイギリスでは一九五八年の春に発売された。ケネディのノセボ効果に関する論文は一九六一年九月に発表された。二ヶ月後、オーストラリア人の産科医ウィリアム・マクブライドは、サリドマイドを投与した自分のクリニックの患者たちが、指の間に水かきがあったり、脚の指が多かったり、手足が欠損していたり、極端に短かったりする、アザラシ肢症の子供を出産している、とディスティラーズ社のシドニーの代理人に警告した。イギリスでは二週間後にサリドマイドは発売中止になった。

サリドマイドは販売されていた三年の間に、何千人もの妊婦と赤ん坊に影響をおよぼした。数知れぬ胎児の命が失われた。ケネディはその直後に引退してスコットランドに引っ越し、形成異常がどう発生するかという奇形学を研究した。かなり高齢になった彼は、この薬禍がなぜ起こったのか、別の説明を見つけたかったのだ。

ノセボ効果は現在も、新薬の治験の際によく見られる。自己達成的な予言が実現しているのだ。治験のボランティアたちは砂糖しか入っていない錠剤を飲まされている場合も、副作用の可能性を警告されている。二〇〇五年、イタリアで前立腺の肥大で治療中の一二〇人の男性にフィナステリドという薬が投与された。片方のグループにはこの薬にはまれにだが、性的機能に問題が起こる可能性があると警告し、もう片方には何も警告しなかった。この問題が起こるのは実際にはまれだった。一年後、警告されたグループの四四パーセントが勃起不全と性欲の減退を訴え、一方で警告されなかったグループで同様の訴えをした人は一五パーセントだった。毎年世界中で何百万人もの人が、コレステロールを減少させるために飲んでいたスタチンを、疲労および筋肉や関節の痛みと吐き気などの副作用のために服用を中止している。二〇二〇年スタチンの服用を中止した患者たちを調査した結果、彼らはプラセボ薬を与えられていた場合でも九〇パーセントが副作用を訴えていた。現実問題として、ノセボ効果の研究は難しい。研究者のほとんどはそれが許される状況であっても、被験者につらい思いをさせたくはない。反応のほとんどは少数の極端な例として起こり、異常が観測されるのはいつももっと望ましい理論が試され、失敗したあとになってからだ。

ノセボ効果そのものを研究するにはあるタイプの医師が必要だ。一八八五年夏、ボルティモアの医師ジョン・ノランド・マッケンジーいわく、三二歳の「とても頑健で、栄養状態がいいが、精神的には弱い」女性が重症の花粉症と喘息を患っていた。女性は毎年夏と秋は何週間もベッドに寝たきりになっていた。道を歩いていて、牧草を積んだカートとすれ違えば発作を起こす。桃に触れることもできなかった。通常は薬を飲んでも楽にはならなかった。気温が低いときや、海辺ではなぜか楽になった。コカインは最大で一時間半ぐらいは症状をおさえてくれるが、「だいたい、その後効果がなくなると、使用前よりも悪化した」

マッケンジーは自らが考案した処方をした。二週間後、彼はこう書いている。問題の女性はとてもよくなっていた。一ヶ月後、マッケンジーは診察室に本物そっくりに見えるバラの造花をついたての向こうに隠しておいて、女性を招いた。マッケンジーは彼女が来る前に造花の花びら一枚一枚を拭いて、完全になにも付着していない状態にした。彼は彼女を診察し、問題がないことを確認してから、バラを手にして彼女の前に座った。一分後、彼女はくしゃみをはじめた。五分以内に鼻が詰まり、赤くなった。「胸が重苦しい感じになり、呼吸障害も少し見られる」。呼吸困難になってきた。「私は十分に満足のいく実験結果が得られたことを確認し、バラを部屋の遠いところへ持っていった」とマッケンジーは書いている。女性にあの花は本物ではなかったと告げると、彼女は信じられない様子で鼻息も荒く、葉を一枚一枚調べた。

一九六八年、ブルックリンの精神科医のグループは喘息患者四〇人に大気汚染についての研究を手伝ってほしいと依頼した。半数近くが無害な食塩水の蒸気を吸っただけで気道が狭くなったことがあった。一二人はひどい喘息発作を起こしていた。ノセボ効果は良い薬の効果さえも抑制してしまう。研究者たちが偏頭痛の患者たちに強力な偏頭痛治療薬リゾトリプタンを、これはプラセボ薬だと言って与えると、半数の患者にしか効かなかった。パーキンソン病患者が、三〇分ほど脳に電極を刺して、なめらかな動きを助ける治療を行ったとき、その施術がよく効くかどうかは、電極に実際に電流が通っているかどうかより、通っていると信じているかどうかに左右された。二〇〇六年の記録では、二六歳の男性はプラセボ実験として抗うつ剤だと言って与えられていた全く効果のない無害なカプセルを二六錠飲んだ。自殺しようとしたようだ。彼の血圧は急降下し、病院に運ばれた。しかし、飲んだカプセルの正体を告げられると、症状はおさまった。

ノセボ効果の研究では意識的な期待と、本人の理解とは関係ない淡い期待のようなものを区別している。ノセボ効果は少なくともその一部は伝染する。実験の間に痛みに苦しんでいる人や状態が変わった人を見ると、自分の番になったときに同じようになりやすい。ノセボ効果における社会的な影響のせいで、ある特定の地域限定の症状が起こることもありえる。二〇〇七年、ニュージーランドで配布されていた甲状腺ホルモン製剤エルトロキシンは製造拠点をカナダからドイツに移した。薬の実際の成分は変わらなかったが、見た目が変わった。一錠が大きくなり、色が黄色からオフホワイトに変わったものもあった。新しいエルトロキシンは今までのものより製造コストが低いとメディアが報じると、ニュージーランド国内での副作用の報告が二〇〇〇倍に増えた。信じる気持ちは多くの人に拡散されても弱まらないのだ。ラオスからアメリカに来たモン族の難民が、一九七七年から一九八二年の間に夜間突然死症候群で五〇人以上死亡した。夜間に急に心臓が停止したのだ。モン族のコミュニティでは通常こうした死はダブ・ツォグと呼ばれる命を奪う悪夢を見たせいだと解釈されていた。人々はベッドに入るのを恐れるようになった。「人は生まれたときからある特定の行動や考え方に染まってきた結果、そのように行動せざるをえない」。この死について何百人ものモン族の人々に話を聞いたサンフランシスコのカリフォルニア大学オッシャー統合医療センター長のシェリー・アドラーは振り返る。検死の結果、亡くなった人の中には不整脈があった人がいたことがわかった。これは移住のストレスと夜に胸を押しつぶしにくる悪霊への恐怖で悪化していた可能性がある。

二〇〇〇年代のはじめ、スウェーデンの政治的亡命者の収容施設に入るのを待っていた家族の子供たちの中に謎の不活動状態に陥る者たちが出た。親たちはかつてのソビエト連邦からやって来た人が多く、子供たちが食べるのも飲むのも話すのもやめたときに救急救命センターに連れてきた。二〇〇三年から二〇〇五年の間に四二四例が報告された。よくわからないお役所内の複雑で時間のかかる事情に巻き込まれ、子供たちはアパートと学校をひたすら行ったり来たりし、情緒不安定になり、家族の苦境を自分のせいだと考えて自身を責め、生命活動をやめてしまったのだ。こうした子供たちはチューブで栄養を注入し、注意深く看病することで生かすことはできるが、医師や精神科医たちはその衰弱ぶりと子供たちが抱えている複雑で強力なトラウマのかたまりに驚いた。

あきらめ症候群（uppgivenhetssyndrom）という名前で知られるようになったこの病気は、スウェーデン社会に大きな困惑をもたらした。この病気に懐疑的である人々は、スウェーデンが難民に比較的好意的であることに批判的であることが多く、詐病ではないかとか、永住許可を引き出すために家族が子供を虐待しているのではないかという疑いさえ持った。その一方で、医師や児童精神科医や医療従事者たちはこの子たちが無力で希望のない状態（ほとんどの家族は収容所に何度か拒絶されていた）に常に置かれながら育つことによる自身の存在に関するストレスに加えて、親たちの絶望まで抱えていると、指摘した。

その結果、ノセボ効果が起こった。子供たちはなにも期待していなかったし、なににもならなかった。人々は子供たちの動きのなさをおとぎ話の怪物になぞらえた。患者である子供たちの多くは思春期前であることが多く、生き生きと芽を出したのに、やがて凍りついてしまったのだ。ストックホルムの児童精神科医ヨラン・ボーデゴルドは二〇〇五年に五件のケースについて報告している。彼は患者の母親たちの息詰まるような絶望にしばしば驚かされている。彼女たちは自分の子供たちがこのまま死んでしまうのだと信じていた。「この〝苦しみのマドンナ〟のような状態は〝ピエタ〟〔十字架から下ろされたキリストの亡骸を抱く聖母マリアのモチーフ〕のような雰囲気を引き起こします。病室が重苦しく、閉所恐怖症を起こしそうな感覚でいっぱいで、入った人はみなその影響を受けます」とボーデゴルドは書いている。「みな注意深く動き、ささやき声で話し、子供には直接話しかけない。子供は身じろぎもせず、シーツやキルトをかぶって横たわっていて、その存在はかろうじてわかるだけだ」

二〇一四年、スウェーデン保健福祉庁はあきらめ症候群を診断名として公式に認め、現時点では「永住許可を出すことが何よりの〝治療〟」であると推奨した。子供たちの回復には通常時間が必要で、収容施設に入れてから半年から一年かかった。さらに多くの子供たちがこの病気になった。二〇一四年から二〇一九年の間に四一四件が報告されている。

ストックホルムのカロリンスカ大学病院の精神科医カール・サリンは精神病というものが現実に存在するのかどうかを疑うような保守的な家庭で育った。一〇年ほど前、彼はあきらめ症候群の患者は世界中からやって来ていて、彼らの経験は驚くようなものではあるが北欧特有のものではないのに、なぜこの症状はスウェーデンでだけ報告され、治療されているのだろうかと疑問を持つようになった。難民の詐病なのか新しい複雑な病気なのかという、この症状についての主な二つの対立する説明はどちらも同じように十分ではないと彼は考えた。サリンは同僚の医師や精神科医たちに話を聞き、静まりかえった病室で動かない子供たちの傍らにいる家族と過ごした。ときに彼は自分自身よりもはるかに大きな存在と触れ合っているような感じがしたという。

二〇一六年、サリンはあきらめ症候群について詳しく述べた論文で、この病気は「文化結合症候群」であると述べた。これは六〇年代に精神病の中でもその原因が主に社会的なこと、その社会で共有されている信念であり、その人の身体や精神の状態に根ざしているものではないものを表すために作られた言葉だ。でっち上げられた病気なのか、スウェーデン医学界のあらたな発見なのかという疑問への答えの代わりに、サリンはあきらめ症候群は関係者みなが作り出した、精神科医が「苦悩のイディオム」と呼ぶ、複合的な症候群だと主張したのだ。

一九世紀と二〇世紀の前半にかけて、医師たちは「代償症候群」という病気を認め、治療していた。症状は通常、訴訟やなんらかの損害に対する裁判の間に出たが（〝列車事故脊椎症〟とか〝利益ノイローゼ〟とも呼ばれていた）、評決が出たら消えるとは限らなかった。サリンはスウェーデンのあきらめ症候群は予測する脳のモデルを通して理解できるという説を示した。この解釈によると、将来に対する期待がとても低く、断片化されていて、両親と住んでいた社会の消失というこれまでの強烈な人生経験で、心身ともに絶望のループのようなものに陥り、その絶望を同情的だが、彼らが治る唯一の方法は政府が一家を収容所に入れる許可を与えることだと考えている医療従事者が無意識のうちに肯定してしまう。

「我々は実際にある扱い方によって、あらたな種類の病気を引き起こしている」とサリンは語る。「永住許可証を治療として発行したら、実際にどんどん病気を作り出してしまう」。彼は精神科医などの力を持つ人々と亡霊のように動かない子供たちと半狂乱になっている両親などの無力な人々の間で構築されてしまう共通の固定観念はやっかいで不可避だと考えている。

サリンはヘンリク・イプセンの『野鴨』を思い出すことがあるという。この戯曲の中では見当違いの理想主義者グレーゲルスが壊れやすい家族の幻想を打ち砕くことによって、それぞれの人が真実を見られるようにしようとする。グレーゲルスの活動は耐えがたい結果を招く。イプセンは我々がみな自分の中で一瞬ごとに作り上げている架空の現実を「嘘の人生（livslögnen）」と呼んだ。我々は自分ででっちあげた意味を失ったら、生きてさえいけないのでは？「我々はみな嘘を抱えていて、それを取り除くことはできない」とサリンは言う。「私はあの戯曲のことを考えると震えてしまう」

☆

一九六八年二月七日、ヒザー・グリーンの列車事故の三ヶ月後、ミス・ミドルトンはバーカーに関するビジョンを見た。その幻影の中で片側には医師の頭と肩が見えている。彼の髪は薄くなっている。短いほおひげは灰色で整えられていない感じだ。彼の目は薄い茶色だった。反対側にはミス・ミドルトンの両親ヘンリーとアニーが立っていて、待っていた。両親とバーカーの間には小道がある。男の子一人と女の子一人の姿がちらりと見える。このイメージが一週間頭から離れなかった。ミス・ミドルトンの両親は五年前に亡くなっている。彼女は両親の姿を夢などでよく見ていて、不幸な出来事と両親は彼女のなかで関連づけられていた。「誰のことも怖がらせたくないのだけれど……私の両親がなにかを伝えようとしていたと言いたいだけだったんです」。ミス・ミドルトンは後に回想録にそう書いている。「私はこれを先生になにかが起こるという意味だと解釈しました」

『死ぬほどの恐怖』は二月のうちに刊行された。この本の中でバーカーは男性二八人、女性一四人からなる四二人がエキゾチックな呪いから単純なショックまで、あるいは長時間かけて絶望していった場合など、様々な状況で恐怖を乗り越えられずに死んだ様子を述べている。第二次大戦中の強制収容所、一九六五年のラブラドールのケース、サハラ以南のイギリス植民地で勤務していた医師たち。それからもっと身近な患者たちの例が語られている。美術学校の校長は緑内障の手術を受け、手術は成功していたのに失明したと思い込み、急死した。七八歳のビジネスマンは、かかりつけの医師が彼の舌にできた小さなしこりが癌であると本人に告知しなかったのに、他の人に診断を伝えられ、その数日後に亡くなった。バーカーは読者に向かって、自分は容赦せずに調べると宣言した。「こうしたことをそのまま放置することはできないと私は思う」。ラブラドールのケースについてそう書いている。彼はキャノンとリッチャーのラットの実験を説明し、そこからさらにあるケースでは死を予感することが死につながったのに、別の場合はなぜそうならないのかについて分析している。「種と土壌が必要なのだと考える必要がある」とバーカーは結論づけている。その予感の「避けられない感じ」の強さ、それを受け取った人の性格と、その人のもっとも深いところにある病気や死に対する信念などの相互作用によると主張した。

この本はまたリスクのある情報も明かしている。リトルジョンと地域保健委員会の役員たち、それに本の刊行の数ヶ月前に連絡を取った二人目の弁護士の警告にもかかわらず、バーカーは『死ぬほどの恐怖』を、著者として自分の名前を出し、ぞっとするようなゆがんだ活字が躍る表紙をつけて刊行することを許した。本の中で彼はときに本題から逸れてアバーファンの研究についても触れ、占いと予知の話に関する規範を長々と論考した後に、自分の関与こそ明かさなかったものの、予知調査局についても書いた。バーカーはオカルトに惹かれ、傾倒していることをこの本の中で認めている。「私はとても不本意ながら、予知の対象になっているらしいことを認めなければならない。通常は特定の事柄ではないあいまいな虫の知らせだが、どちらにしても、それほど心配ではないし、常になにか事故や災害が起こるわけでもない」と彼は書いている。アバーファンについて書いた部分では、時間が常に変わらずに流れていることに疑問を呈した。「ここで示した予感の証拠を受け入れるとしたら、未来はいま、ここに、この瞬間も、存在しているという結論に達しざるを得ない」

『死ぬほどの恐怖』の最後はこうした種類の基礎的な研究に世界中の軍事費の一部でもまわしてほしいというかなり率直な願いで終わっている。「自然について、時間について、生命そのものについて知れば知るほど、死とその向こうで我々を待っているものについての謎の解明をはじめるべきだ」とバーカーは書いている。「なによりも恐怖を取り除く必要がある。未知への恐怖を」

一九六八年のはじめ、バーカーは自分の中で矛盾する思いを抱えていた。不活発なシェルトン病院と無限の好奇心の間で引き裂かれていた。彼が理解できる領域と、退屈な領域があった。ジェーンとともにシュロップシャーに来てから五年が経っていた。いまや彼はシェルトンの院長補佐になっていて、リトルジョンとの関係は波乱含みだったが、責任は増していた。彼は病院の諮問委員会を運営し、経営委員会の委員長になり、ボイラーの交換や靴職人の病気休暇中の手当について議論し、美容部門のパーマの機械が時代遅れだから入れ替えようと主張した。バーカーはシェルトンで正統的でありながら新規性のある医学の研究を進めることができたが、それは常に苦労の連続だった。かつて結核の患者たちの入院病棟で、現在は使われていない隔離病棟のホーソーン病棟を嫌悪療法の研究に使いたいと何ヶ月も懇願しつづけた。しかし許されなかった。絶望したバーカーはついにはリトルジョンの頭越しに病院の理事会に手紙を書いて許可を求めた。二月、大雪の日の後、バーカーの要求のせいで、彼の要求の仕方がなっていないとか（理事会には直接接触しないようにとあらためて言い渡された）、ホーソーン病棟の古い洗面台やトイレによる感染リスクの可能性についての長く無意味な議論をシェルトン病院の上級職員の間に巻き起こすことになった。このどうでもいいような駆け引きには頭がおかしくなりそうだった。

しかし病院の外でのバーカーの人生は安定し、今まで通り幸せだった。昨年の春にジェーンが第四子サイモンを出産していた。バーカーは赤ん坊が立ち上がろうとしたり、座ろうとしたりといった発達に夢中になった。家中が沸き立ち、騒々しいエネルギーにあふれる幸せな日もあった。庭には三輪車と古いベビーカーが散らばっていた。ベランダには揺り木馬がある。晴れた日には子供たちはジャングルジムに逆さまにぶら下がり、テニスコートで遊び回った。八歳だったナイジェルは機械好きなところを見せはじめた。彼とバーカーはヨックルトンの反対側の鉄道の線路がある高い丘に登って、毎日アイリッシュ海の海岸沿いを走るアベリストウィス行きのカンブリア沿岸急行の蒸気機関車を眺めた。ジェーンも自分の車ミニ・エステイトを持っていた。子供たちは車にぞろぞろと乗り込み、トランクにしいた毛布の上で転げ回っていた。

朝はいつもバーカーが車でナイジェルをシュローズベリーの私立学校に送り、そのまま病院に行って一日をはじめる。バーンフィールドを借りたのは一九六三年だったが、バーカーとジェーンは最近、病院近くの静かな通りに面した、町にも近い、ボウベルズという家を買って改築し、そこを生涯の家にしようと決めた。建築家を雇って、週末はいつも、自分たちの家の家具を選ぶのに時間を費やした。

それなのにバーカーは息苦しかった。四三歳だった。彼は田舎から抜け出せず、浴槽から転落した老婦人たちの検死審問に出席する日々を過ごしていた。彼は「器の小さな男たち（リトル）」について毒づいていた。彼は自分が重要だと考えている疑問や真面目な研究対象ではないと間違った分類をされている問題を追求している間に、悪名を得てしまったり、人の気分を害してしまったりするのは平気だった。前年、『メディカル・ニュース』紙で予知調査局のことを書いた後には、一連の手紙が寄せられた。読者たちはこの計画は非科学的で偏見に満ちていると批判した。ある手紙には「一連のでたらめな考えや試みに奇妙な専門用語をつけ、漠然とした定義できないデータで非論理的な判断を下そうとしているのは見苦しい」と書かれていた。他の手紙では彼は時代遅れだと批判されている。バーカーはこの手紙を無視はしなかったが、翌週の紙上で冷静な調子でこう答えている。「現在ある科学的理論ですべての事実を説明できないのなら、それは変化させたり、無視したりしなければならない」と彼は書いた。「多くの人にとっては不快かもしれないが、この態度は明らかにどんな科学の進歩にも必要不可欠なものだ」

バーンフィールドでの家庭生活。
（提供：バーカー家）

彼が自身のキャリアや評判を守ることと、人間の精神が時間を超越することができるのを証明する——そしていつか十分な数の十分なデータにより、飛行機が空から落ちるのを防ぐことができる——ことのどちらかを選ばねばならなかったのだとしても、バーカーはどちらか一つを選んだようには見えない。こうした問題を放置することは、彼にとっての精神医学と矛盾していた。

二月二二日、『死ぬほどの恐怖』が刊行される前日、バーカーはバーミンガムに行き、BBCの夕方のニュースのインタビューを撮影した。バーンフィールドのリビングルームで一家はテレビの周りに集まって観た。ヘンチャーもダゲンハムで偶然、テレビに映るバーカーが死の恐怖について語っているのを観た。バーカーはこの前月にロンドンに行ったときに、ヘンチャーと直接会っているが、このときヘンチャーはあらためて警告を繰り返している。「あなたはこれからトラブルに遭うと私は思っている」。ヘンチャーはバーカーがヨックルトンの自宅で死ぬと、昨年の四月と同じぐらい確信していた。そしていま、テレビでバーカーを観た彼は、また同じ黒いものを知覚した。

バーカーは手紙や電話でヘンチャーに自分の旅の計画は安全かと尋ねたが、返答に関係なく旅は実行した。彼は翌日にロンドンに到着し、さらにいくつもインタビューを受けた。

『死ぬほどの恐怖』についての記事は本の刊行日に『デイリー・エクスプレス』、『デイリー・スケッチ』、『バーミンガム・イブニング・メイル』の各紙に掲載された。その夜、バーカーはまたテレビに出演した。このとき彼はアバーファンの大惨事のときに、もしもすでに予知調査局があって、正しく機能していたら、人々の生命を救うことができたかもしれないと主張した。「もしもこの人たちが予知の概要を伝えることができるのなら、世間の人々の意見に逆らってでも、災害を避けるためになにかができるかもしれない」、バーカーはそう語った。翌日の金曜日、フェアリーは担当する『イブニング・スタンダード』紙の「科学の世界」のコラムの一部を使って、バーカーが本の中で書いているアイデアを紹介した。占星術師を精神病院に招き、精神病の患者について直感で感じたことを話してもらうというものだ。

午後、フェアリーはBBCラジオ4の科学番組「ニュー・ワールド」で放送するためにバーカーのインタビューをあらたに録音した。その後、バーカーはハートフォードシャーのエルストリー・スタジオに車を運転して行き、民放アソシエイテッド・テレビジョンの深夜の総合番組「フォロー・スルー」で自著について話して五〇ポンドを受け取っている。『死ぬほどの恐怖』は科学的な研究書として刊行されたが、そのテーマと紹介されている病気のエピソードは日々の生活や家族に伝わる言い伝えに近いものであり、ぞくぞくするような不穏な気持ちを楽しむことができる。バーカーはジャーナリストにとってはニュースを引き立ててくれるちょうどいい人物だった。「著名な精神科医」で「上級顧問医」であり、尊敬に値する医師でありながら、ユニークな主張をし、新聞種になるようなことを熱心に行っている。彼は週の半分はマイクの前にいて、ライトを浴びていた。それは心が浮き立つとともに消耗する毎日で、しかもこれこそやってはいけないと止められた行動そのものだった。

☆

バーカーが出演した「フォロー・スルー」は土曜日の午後一一時四五分に放映された。その二四時間後、後に患者一八番と呼ばれることになる女性がシェルトン病院の白く塗られた鋳鉄製のベッドで目覚め、煙のにおいに気づいた。一八番は一九六一年から何度かシェルトンに入退院を繰り返していた。今回は三週間前、もっとも「不安定な状態」の女性患者らがいるビーチ病棟に入院し、「少し混乱した状態」だったが、落ち着いて状態が良くなってきていると考えられていた。ビーチ病棟には四二人の女性が入院している。病院の奥にある細長いL字型に部屋が並ぶ棟で、豊かな緑と菜園が見える。病棟にはキッチンとトイレと手術室と、テレビや座り心地のいい椅子がある娯楽室、ダイニングルーム、それに石炭の暖炉が何カ所かあった。ドアは三ヶ所あり、そのうちの一ヶ所は非常口につながっていて、いずれのドアも締めたときに自動的に閉まり、看護師の鍵がないと閉まらないバネ錠がついていた。

ビーチ病棟では日中は五人か六人の看護師が勤務していたが、夜間は一人だけで、だいたいはキャスリーン・グリフィスというシェルトン病院で二二年間働いている四〇代の看護師がいた。夜勤の准看護師が一人、一二時間の夜勤のうち半分はビーチ病棟で、残りの半分は一階下のチェストナット病棟にいた。その日曜日の夜、午後一〇時ぐらいに娯楽室でテレビを観ていた患者たちの最後の数人がベッドに入った。そのうちの一人がたばこを指でつまんで火を消した。その吸い殻を暖炉に投げ入れたとグリフィスは記憶している。彼女はテレビを消した。数分後、上級勤務医のドクター・バルゲーゼ・ジョセフと夜勤看護師長が通り過ぎた。

午後一一時頃、グリフィスと当番の准看護師、ジョイス・ロイドは病棟の娯楽室とは反対の端で次第に小さくなる暖炉の火の前で紅茶を飲んでいた。外の気温は氷点下だったが、病院内の暖炉の火は夜早いうちから衰えるにまかされていた。この病棟にいる患者は鎮静剤を飲まされている者も多く、眠っていた。ビーチ病棟には大部屋が二つあり、その間を八〇フィートの長さの廊下がつないでいて、その廊下にもベッドが並んでいる。廊下の向こうには妄想が強い患者や重症の患者のための鍵がかかる部屋が六室あった。ドアは旧式の頑丈なタイプだった。この病棟は一八五六年に建てられた。患者の一人は、ドアの上半分を換気のために開けておきたいと言った。

患者一八番は南側の壁際にあるベッドで眠っていた。非常ベルや消火栓やホースからそれほど離れていない場所だった。彼女が目を覚ましたとき、ビーチ病棟は薄暗い常夜灯で照らされていて、看護師たちが電気をつけなくても仕事ができるようになっていたのだ。もしこのとき彼女が上を見上げていたら、天井から下りてくる、刺すように刺激的でタールのような煙を見ていたかもしれない。患者一八番はベッドから起きると非常口の方に行った。ドアには鍵がかかっていた。彼女は辺りを見回した。グリフィス看護師も、他の夜勤の看護師の姿も見えなかった。彼女が病棟の廊下を進んでいくと、煙はさらに濃くなり、もうすぐベッドに触れそうなぐらい下がってきていた。階段に通じるドアは開いていた。患者一八番は階段を降り、下の病棟でグリフィス看護師が他の二人の看護師と話しているのを見つけた。彼女は看護師たちに煙のにおいのことを話した。シェルトンでは一九四六年以来、看護師たちに避難訓練が行われていなかった。グリフィスははじめての職場としてこの病院に就職して以来、ずっとここで働いてきたが、訓練に参加したことはなかった。非常警報システムは一九六二年に設置されたものだったが、毎日正午にテストが行われていた。大きなベル三つとサイレン一つが周囲に響き渡るのだ。しかしどうやったら作動させられるのかを知っている者はほとんどいなかった。グリフィスは数年前にビーチ病棟で小火（ぼや）に遭遇し、燃えている椅子をシンクの水に突っ込んで消したことがあった。彼女は患者一八番にベッドに戻るように言った。彼女はロイド准看護師に上の階に行って状況を見てくるようにと命じた。患者一八番とロイド准看護師がビーチ病棟のドアに着く頃には、煙で向こう側が見えなくなっていた。ロイドは炎が上がっているのを見た。「そこは燃えていました」と後に彼女は語った。

グリフィスはパニックを起こした。彼女は自分ですぐにビーチ病棟に向かうのでも、非常ベルを鳴らすのでもなく、チェストナット病棟を通り抜けて、別の階段を上り、ビーチ病棟に反対側から入ろうとした。その途中で三つの非常警報システムのそばを通り過ぎているが、通報のためにどのシステムのガラスも割っていない。ビーチ病棟に到着すると、カラマツ病棟の若い看護師ブレンダ・コックスがホースをほどいていた。火事の夜、シェルトンには二六〇台の電話機があった。もし誰かが専用の赤い電話機で111とダイヤルしていたら、夜勤のボーイの事務所の電話につながっていたはずだ。病棟の電話のほとんどには「非常」ボタンも付いていたが、使い方がわかりにくかった。同時に複数の電話機の受話器を上げると、話し中になって交換台につながらないのだ。そしてこのとき同じタイミングで電話をかけようとしてしまうのは当然のことだった。三人の看護師がこのやり方で火事を報告しようとして失敗している。ボーイがかかってきた内線に正確に折り返し、もう一度1を押せば、回線を空けることができた。しかし彼はそうしなかった。何分も時間が過ぎた。火が燃え広がる。煙も広がる。ついに、チェストナット病棟のスコット看護師が非常ベルのガラスを割った。ガラスを割ると小さな金属製のボタンが飛び出てくるようになっている。彼女はそれを押した。しかしこれもまた間違いだった。このボタンは作動した非常ベルを止めるためのボタンだった。このときは深夜〇時で、看護師たちがビーチ病棟の火事を知ってから八分後だったが、病院のポーターは緊急事態が起こっていることなどまったく知らなかった。病院の規則により、彼には直接、消防隊に電話する権限がなかった。まずシェルトン病院の消防官補に電話しなければならなかったが、その消防官補は自宅で眠っていた。

ビーチ病棟の下の草地に消防士がやってきたのは、〇時一三分過ぎだった。検視官によると女性患者のほとんどは寝ているベッドが煙に包まれた際に一酸化炭素中毒で死亡していて、おそらく六分ほどの間の出来事だろうということだ。消防士たちが到着する前に看護学生のデニス・ルイスが数人の患者を救っていた。彼は床を這って、低いところに残っている空気を吸いながら、低い姿勢で進み、眠っている患者たちをベッドからひきずりだした。一人の警官が建築用の足場を登って大部屋の窓から五人の患者を救出した。空気呼吸器をつけた消防士たちは鍵がかかっているドアを打ち壊し、六人の患者のうち五人が生存しているのを見つけた。頑丈なドアを開けておいてほしいと頼んだ女性は外の廊下で寝ていた八人の女性たちと一緒に死亡した。数週間後にこの病棟を訪れた看護師が、浴室のタイルの上でうずくまっている焼け焦げた彼女の遺体を発見している。

午前二時には鎮火していた。病院は仮の遺体安置所を設置した。二四人の患者が亡くなった。イギリスの病院における一九〇三年以降最悪の火災であり、そのときの火災もヴィクトリア朝時代の精神病院で起こっていた。シェルトンでは一〇〇人以上の人が病棟から向かい側の建物に避難した。看護師たちは病院のメインホールに即席のベッドを設置し、眠りを妨げられて混乱する人たちに鎮静剤を飲ませた。シェルトンの主任看護師アーサー・モリスは自宅に迎えに来た警察と、現場にやってきて指揮をした。消防士たちが患者二七番と呼ばれることになった女性の遺体を運び出すとき、寝具から手紙が落ちた。彼女が父親に宛てて書いた手紙であり、最後はこう結ばれていた。「看護師さんたちやここの女の人たちが盛大に燃えますように」

うわさが飛び交った。自分が火をつけたと主張する患者が数人いた。患者二三番は統合失調症の長期入院患者で、二九年前からシェルトンに入院しており、チェストナット病棟に続く階段の上で寝ていて、自分がやったのだと主張していた。「私はワックスを取ってきた」。売店の棚で見つけた七ポンドのジャムの瓶にいっぱいの家具用光沢剤に火をつけたというのだ。彼女は思い出してはにやにやしていた。患者二三番から話を聞いた看護師は彼女がやったと考えていた。二三番はデイヴィッド・イーノックの患者だった。その年のうちに行われた公開審問でイーノックは、ギリシア神話に登場する、女神ヘラに罰せられて、聞いた言葉をなんでもただ復唱することしかできなくなったニンフ、エコーが名前の由来となっているエコラリアの症状が彼女には出ていたと証言した。

一夜明けると、シェルトンはイギリスの時代遅れの精神病院のあらゆる悪弊の象徴になっていた。新聞には焼け落ちたベッドの残骸の山の横にいる消防士たちの写真が載った。病院の南側のゴシック調の壁は黒焦げになっている。翌日の午後、下院でシュローズベリーの保守の議員で、元戦闘機のパイロットであるサー・ジョン・ラングフォード＝ホルトがシェルトン病院の古さに注目した。「この病院はインド大反乱の一四年前に建てられている。それこそが問題の核心なのです」と彼は言った。報道された火事の詳細には、ビーチ病棟のドアに鍵がかかっていたことと、患者たちが放置されていたことが書かれていた。シュローズベリーの名士たちはマスコミに病院は何年も前に糾弾されているべきだったと語った。シェルトンの経営委員会の元会長ルイス・モトリーは病院を不潔で非人道的な精神病院だと言った。「何マイルも向こうからにおいでわかる」

「過去の遺物」、地元の新聞『シュロップシャー・スター』紙の見出しにはそう書かれていた。「我々にとっていつも謎なのは、消耗し、疲れ切った、働きすぎの医療スタッフや看護スタッフたちがどうやってこんな環境で人をケアすることができていたのかだ」。社説にはそう書かれていた。「シェルトン精神病院はいまも旧式の施設に見えるし、地元の人々の多くもそういうところだと思っている」

バーカーはシェルトン病院の上級顧問医として、深く恥じていた。惨劇から二日後、彼は『すべてを失って』の著者バーバラ・ロブに手紙を書き、シェルトンの寝たきりの老齢患者について自分が収集した統計データを使ってほしいと熱心に勧めている。自身の調査について彼は、「今週この病院で起こった悲劇の観点から差し迫ったあらたな意味が生まれた」と書いている。彼は被害者の多くは高齢の慢性患者であることを指摘し、さらにロブにシェルトンの内部情報を明かしていた。「私は鍵がかかった病棟も閉まったドアも嫌いだったと認めなければならない。あれはアナクロニズムだ」とバーカーは書いている。火事から一二日後の三月八日、「ナーシング・ミラー」紙はバーカーとメイベル・ミラーによる調査結果を掲載したが、その記事には内部がすっかり焼け、天井が黒焦げになってめくれ上がっているビーチ病棟の写真が添えられていた。バーカーらの調査により、「不幸なことに、現場の病院はこの国のこうした病院の多くに典型的な状況にあったことがわかった」と明かしている。

バーカーはこの調査結果を火事より前に提出していたのだが、公表のタイミングのせいで、傷ついていた病院のスタッフらにひどく嫌われた。月例の経営会議でこの件に関する議論は次回に持ち越されたので、みながこの記事を読んでバーカーの配慮のなさを痛感することになった。リトルジョンはこの論文によってもっとも傷つけられたと感じている看護スタッフたちの集会を招集し、バーカー個人を非難させた。バーカーはこの集会を録音したいと言ったが、リトルジョンは拒否した。「我々はいま、批判され、ひどい時間を過ごしている」。バーカーはロブへの手紙にそう書いた。

彼のシェルトン病院での地位は安泰のようだったが、彼はリトルジョンら病院の上層部が彼にできる限りの嫌がらせをしようしているのを確信していた。『死ぬほどの恐怖』はこの春のうちにアメリカで刊行されることになっていて、バーカーは本についてのレクチャーツアーを計画し、その際に嫌悪療法や予知調査局のことも語るつもりだった。ミラーも一緒にアメリカに行くことになっていたが、彼女がバーカーに同

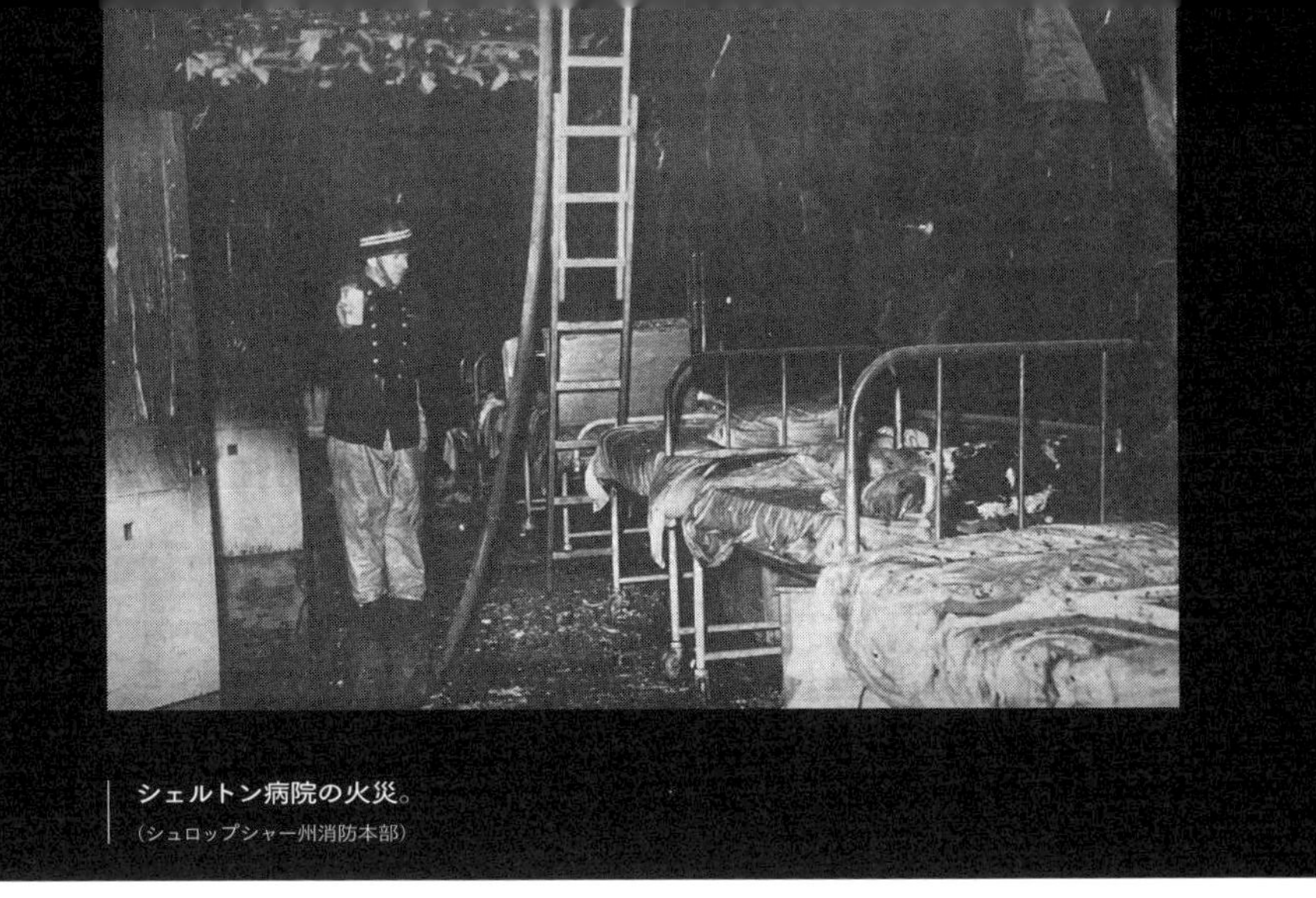

シェルトン病院の火災。
(シュロップシャー州消防本部)

行するための研究出張許可を申請すると、病院は却下した。ミラーは理由を尋ねた。病院の秘書は理由は言えないと答えた。

この議論にバーカーは激怒した。彼は一人でアメリカに行くのが怖いとは言いたくなかった。その代わりに病院側は心が狭すぎると言った。火事でなにかわかったことがあるとしたら、それはシェルトンのような病院はすぐにでも改革しなければならないということだと。しかしバーカーの態度は人々の怒りを煽り、事態をさらに悪化させた。脚光を熱望する気持ちも悪く働いた。バーカーのオカルトとの気まぐれな関わりや予知調査局に関する主張はいまや世間に広く知られてしまった。ロンドンに拠点を置く風刺誌『プライベート・アイ』はバーカーが生み出したものは彼自身の職場の大惨事を予知することはできなかったと辛辣に書き立てた。「もちろん、どんな計画にも当初の困難はつきものだ」と同誌は書いた。「しかし運命の女神がシュローズベリーのシェルトン病院に警告のサインを送らなかったらしいことは残念だ」

☆

予知調査局は一年三ヶ月開設されていた。一九六八年の春までにバーカーは一般の人々から七二三件の予知を収集した。三月に数日間連続して、フェアリーは最初の一年の予知調査局の発見について『イブニング・スタンダード』紙で報告している。フェアリーは彼の評価システムに基づいて一九六七年に寄せられた警告のうち一八件が的中していたと計算した。的中率は三パーセントより少し多かった。非常に低い数字だがゼロではない。そして予知のほとんどはまだ未来のことだった。これから当たるかもしれない。「この現象において時間が果たしている役割はほとんどわかっていないので、その予知が実現することはないと言い切ることは不可能だ」とフェアリーは書いている。彼は『スタンダード』紙がこの実験をもう一年続け、「さらにデータを集めるとともに特定の人たちをもっとよく観察する」と宣言した。

予知調査局の的中率は、ミス・ミドルトンとアラン・ヘンチャーのビジョンに絞ってみると見事な数字になる。たくさんの警告の中で明らかに的中した一八件の予知のうち一二件をこの二人が当てているのだ。「この二人は証拠が認められれば、『人間地震計』として働いていることになり、大惨事の警告を早い時点で得ているようだ」とフェアリーは報告している。ヘンチャーはキプロスとストックポートの飛行機事故を、ミス・ミドルトンはウラジーミル・コマロフの死を予知したと主張していて、どちらの知覚者もヒザー・グリーンの鉄道事故については納得のいく警告を発している。クリスマスの数日後、ミス・ミドルトンは「非常に重い荷を積んだトラックが関わる衝突事故」も幻視している。その七日後の一九六八年一月六日、一二〇トンもある電気変圧器を乗せた低荷台トラックがマンチェスターからロンドンへと向かう途中にスタフォードシャーのヒクソンの平坦な交差点で特急列車と衝突した。一一人が死亡した。

フェアリーは予知調査局に関する二度目の記事で、音楽教師と電話交換手がどのようにビジョンを知覚しているかを説明した。「目の前に写真が投影されるんです」とミス・ミドルトンは言った。彼女は建物とか列車とか車のように、なにかを一つだけ見ることが多い。言葉がネオンサインのようにぱっと見えたりもする。その一日か二日後に同じビジョンをもう一度見るが、今度はもっと細かいところも見える。ヘンチャーの予知にはいつも痛みが伴う。かつてけがをした後頭部が痛むのだ。偏頭痛のような感じだという。「視界が白黒になることもあります。時々はカラーです」。ヘンチャーはフェアリーに語った。「楽しい内容の予知はしたことがない」。予知調査局に警告を送ると頭痛は和らぐのだという。災害が起こったとき、「それは起こった」という言葉が文字で頭の中にぼんやりと浮かんだり、自分にしか聞こえない声で聞こえたりする。「想像の産物？　そうかもしれない」とフェアリーは書いている。「ヘンチャー氏は単に戸惑っている」

『スタンダード』紙はこの二人の知覚者たちの写真を撮っている。ミス・ミドルトンは堂々と微笑んでいる。ヘンチャーはVネックのセーターを着て、葉が落ちた冬の木に植木ばさみをあてている。注目を浴びるのは刺激的だった。しかし問題も生じた。実験の初期の段階でヘンチャーはバーカーに、自分のビジョンすべてが注目されることは精神的に悪い影響があると訴えていた。この感覚は悪化していった。いまやミス・ミドルトンも自分は利用されていると感じはじめていた。

ヘンチャーとミス・ミドルトンは二人別々に予知調査局と連絡を取っていたが、この実験のスターにされてから協力し合うことを決心した。予知調査局はそれを認識していた。四月八日、午前六時二二分という時間が書いてあるフェアリー宛の手紙でヘンチャーは最新の予知を書いている。七四人の乗客を乗せた飛行機が横向きに倒れていて、「フィンランドも思い浮かんだが、なぜかはわからない」。同じ手紙の中で、彼はいくつか不満を述べ、ミス・ミドルトンと手紙を交換していることを明らかにした。「すべて記録を残してほしいというのなら、私たちはそうしますが、それにはとてもたくさんの時間がかかるのです」とヘンチャーは書いている。ジェニファー・プレストンは三人目の息子の産休中だった。ヘンチャーは「我々、変人二人」がプレストンの代わりに来ているアシスタントを驚かすことにならなければいいのですがと書いている。「彼女に悪夢を見てほしくない」

それから数日の間にヘンチャーはフェアリーにさらに二通の手紙を送っている。内容の緊張度はいっそう高まっていって、もう以前のようには続けられないと明言している。彼とミス・ミドルトンは今までに送った予知の報告をすべて返してほしいと望んでいた。二人は共同で本を書いていたのだ。「この本はいくつかの点ではかなり率直なものになるので、様々な人を怒らせることになるかもしれません」と彼は警告した。「我々の予知を記録している人たちは予知をするためにどれだけの犠牲を伴っているのかを本当にわかっているのでしょうか？」。それから張り詰めた調子の文体で、郵便局の交換台の夜勤のときに浮かんだ、部分的にしかわからない恐ろしい心の中のパターンから全体像を導き出し、夜明け前のロンドンのダゲンハイムの市営住宅に帰って眠り、そして自分のビジョンが夕刊紙にでかでかと載っているのをみることになる気持ちをフェアリーにわからせようとした。

我々はなにを言おうと、どれだけ長く祈ろうと、それを受け取ったときにはその内容を人に伝えるかどうかを決めなければならないという苦しみを抱えることになる。なぜならもしも私たちが誰にも伝えなかった場合、実際にその出来事が起こっても我々は信じてもらえず、我々がやっていることは社会の役に立つことなのかもしれないと知っているがために苦しむことになるからだ。そして誰かに伝えた場合は、多少は名前が知られていることで、たぶんその辺で少しぐらいだが、それがセンセーショナルな内容なら、世間の人々は我々を変わり者だと見るようになるので、精神にさらに大きなストレスがかかることになるのだ。

ヘンチャーの嘘偽りのない苦しみの言葉だった。

我々がなにも伝えなかったら、それが実際に起こっても、信じてはもらえないすべての考えがなにかのサインである可能性があったら、その人がなにか変な感じがするたびに精神科医と新聞記者が食いついてくるようだったら、記録することにするか、それとも無視するか。その選択すらできるだろうか?

我々がなにを言っても、我々がどんなに長く祈っても

責任の重大さに押しつぶされそうだ。ヘンチャーは予知に伴う苦しみを恐れていた。彼はそれ相応の待遇を受けたかった。ミス・ミドルトンも同じだ。彼らは認められることと、少しケアされることも望んでいた。多少のお金をもらっても困らない。「我々はもう引き返せないところまでやってきた」とヘンチャーは書いている。「我々は人々に知られてしまった。時計を巻き戻してなかったことにはできない」。彼はフェアリーと『イブニング・スタンダード』紙がこの実験からなにを引き出そうとしているのか疑っていた。

This was the news headline in the Evening Standard yesterday. Now PETER FAIRLEY gives more details recorded by the Evening Standard Premonitions Bureau which records premonitions before the forecast events happen . . .

ALAN HENCHER : I NEVER GET PLEASANT PREMONITIONS

Did Mr. Hencher forecast the Hither Green rail disaster?

IT is now more than a year since I set up the Evening Standard Premonitions Bureau because I was fed up with hearing about people's premonitions *in retrospect*.

The object of the exercise was simply to log premonitions in advance of the events they describe and then match them against actuality—if possible.

Throughout the year, a small team of researchers has entered details of each premonition on special forms, giving the time and date on which it was experienced and the time and date on which we first heard about it—either by phone or letter.

We neither believe in premonition as a possibility—nor disbelieve. We are simply curious people who do not regard the subject either as "silly" or "cranky" and who have a profound conviction that the time has come to probe it thoroughly.

We also felt, following the Aberfan disaster, that if there were any way of collecting and analysing premonitions—to get advance warning of disasters so that some of their effects, at least, might be averted—it should be explored.

In the event, no pattern or crescendo in reporting could be detected among the premonitions logged by us in 1967—certainly nothing to justify the setting up of a National Disaster Early Warning Centre at this stage.

What did emerge was that many perfectly sensible people experience vivid dreams or other strong sensations about the future—which may or may not be premonitions—and feel better for having "got them off their chests."

They are puzzled by them, and worry about them a great deal.

One obvious problem is how to tell when you have had a premonition.

Dreams are notorious junk yards for unwanted facts and suppressed fears and since we spend a considerable part of each night dreaming it is difficult sorting fact from fantasy.

One of the 18 premonitions we selected (from 469 logged) as "significant" came from Mr. George Cranmer, a young Australian living in Beckenham.

We heard about Mr. Cranmer after last year's Grand National. He had apparently dreamed that Foinavon would win the race.

Since we only learned of his premonition retrospectively we discarded it—but asked him to contact us in advance if anything similar occurred again. On the morning of the 1967 Derby one of his friends rang us.

"He's rather embarrassed about contacting you," said the friend, "but he's had another dream." Mr. Cranmer came on the line and told us he had dreamed Ribocco would win the Derby.

"I saw the colours of the jockey as the horse was led into the unsaddling enclosure," he said. "I've just checked and found they are Ribocco's colours. I did the same before Foinavon won the National."

Ribocco did not win the Derby that day—it came in second at 22-1. But it later won the Irish Derby—at 5-2.

Premonition? Or coincidence?

Take the case of Michael Sedgrove of King's Lynn. He dreamed of a merchant ship "stuck in the Suez Canal about the end of May." He had no apparent reason for doing so, and at that stage the Arab-Israeli war was not obviously looming.

Picture

Twelve of the 18 premonitions which we believe are the most interesting came from Mr. Alan Hencher, a 44-year-old Dagenham switchboard operator, and Miss Lorna Middleton, a 55-year-old ballet teacher from Edmonton.

"I see a picture projected in front of my eyes," says Miss Middleton. "Usually it is an object such as a vehicle or a building. Sometimes I see words—such as 'plane' or 'train'—illuminated as though in neon. A day or two later passes the second stage. I try to concentrate—perhaps seeing the weather conditions at the time of the accident. This gives a clue as to its likely location."

The locations of the disasters Miss Middleton predicts are the least impressive aspect of her performance. Nor are the details she gives as plentiful as one might wish.

But according to our method of scoring—a maximum of five points for Unusualness, five for Accuracy and one for Timing—she achieved 71½ out of a possible 135. And among her apparent "successes" were the disastrous floods in Alaska last August, the collapse of the Ohio bridge in December and the Hixon railway crossing disaster.

In the case of Mr. Hencher, the story is rather different.

After some success in amateurish "card guessing" experiments, he began to notice an ability to predict future events in 1953—two years after receiving a head wound in a car accident.

Now he gets, regularly, "a sharp pain—like migraine—in my forehead which lasts half a minute, followed by a dull feeling of pain at the back of my head where I had my accident."

Reporting the premonition gets rid of the headache.

"Sometimes," he told me, "I see things in black and white, sometimes in colour. I never get pleasant premonitions. The details seem to come almost as headlines, and they come afterwards."

Mr. Hencher admitted to "a definite feeling of fear" when the headaches began.

"This can last up to 15 minutes," he explained. "Then it disappears. In my mind I hear or see the words 'It has happened.'"

Imagination? Maybe. Mr. Hencher is simply bewildered.

All we know is that on five occasions we recorded premonitions from him which appeared to bear a resemblance to subsequent events. These scored for him a rating of 36 out of 55 possible points.

Number

They included the Nicosia air crash in which 124 people died when a Britannia struck a hill-top, the Stockport DC-4 air crash, the Hither Green rail crash, a dam bursting in Jakarta on November 30, and a railway accident involving a narrow gauge train at a Scarborough amusement park.

(Mr. Hencher, 23 days before the Hither Green crash, predicted a main line rail accident with a large number killed and injured in which coaches would leave the track and one would perch on the roof of another. His description tallies well with what happened at Hither Green.)

"I cannot give a satisfactory explanation," he admitted.

Not an explanation that would satisfy any scientist or doctor. But who can offer any better one?

The Evening Standard Premonitions Bureau represents only an attempt to stimulate others to begin research into the phenomenon.

In the conviction that we have uncovered something at least mildly interesting, we are keeping the Bureau open for a further 12 months.

If you think you have experienced a premonition about events which have not yet happened, please contact us.

We shall not scoff.

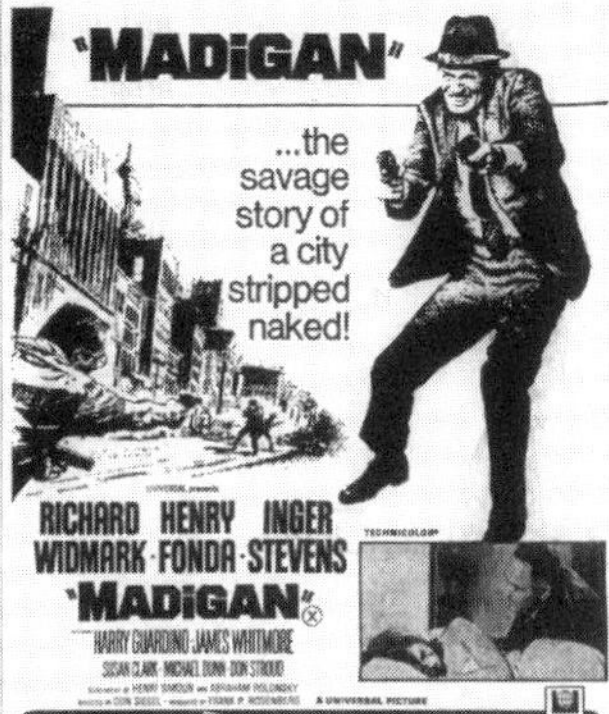

"MADiGAN"
...the savage story of a city stripped naked!
RICHARD WIDMARK · HENRY FONDA · INGER STEVENS
"MADiGAN" Ⓧ
HARRY GUARDINO · JAMES WHITMORE
SUSAN CLARK · MICHAEL DUNN · DON STROUD
TECHNICOLOR
A UNIVERSAL PICTURE

FIRST WEST END PRESENTATION THURSDAY NEXT

New Victoria and ODEON KENSINGTON

Progs. 1.25, 3.20, 7.0. Sunday 4.30, 6.30. Progs. 1.25, 3.20, 7.0. Sunday 4.30, 6.25.

1968年3月12日、予知調査局についての記事。
（『イブニングスタンダード』紙）

ミス・ミドルトンとヘンチャーはフェアリーに対してはバーカーに対するほど敬意を表していない。フェアリーの方もバーカーほどには二人を買っていなかった。フェアリーはヘンチャーの最後通牒を受けとってから五日も経ってから返事を出している。「ミス・ミドルトンとあなたが経験したことは不穏で、しかし興味深いことだと理解しています」とフェアリーは書いた。「その経験を誇張したり、あなたが持っている『力』と呼ぶべきでないものをそう呼んだりすることのないようにおすすめしたい」。科学記者であるフェアリーは予知調査局にバーカーほど入れ込んでいるわけではなかった。彼はいつも先へと進み続けていて、次の大きな発見を探している。彼は一九六六年に一時失明したときに、その回復の経過と、もっと穏やかな生活をしていこうという思いを書いている。「スーパーマンのような生物はいない。彼は神話だ」とフェアリーは書いた。しかしそれをわかっているのに、彼はけっきょくは自分がそうあろうとしている人間像について述べているだけだ。「ちょっとした感染症なら簡単にやり過ごせ、バスに駆け込み乗車し、ライバルに頭脳で打ち勝ち、狙ったものは手に入れるような人であっても、自分を不滅だと思ってはならない」

もっとも、フェアリーはバスに駆け込み乗車するよりタクシーに乗るだろう。しかし彼は旅を、競争を、他の人が払ったレストランの領収書を勝手に借用し、経費の請求を水増しすることをやめなかった。人を言いくるめてジャズクラブに入る。不倫をする。六〇年代の終わりには米ソ両国の宇宙開発組織と接触してきたことが大いに役に立った。前年の一一月、ヒザー・グリーンの列車事故は、他の人々にとっては重大な出来事だったが、彼はそのときフロリダにいて、アポロ計画の次のステージについてレポートしていた。

　事故の翌朝、バーカーが霧に煙る灰色のロンドンでインタビューに応じているとき、フェアリーはフロリダの太陽が降り注ぐケネディ宇宙センター第39a発射台の前に立っていた。アポロ11号を月へと運ぶ巨大なサターンV(ファイブ)が直立した状態で、オレンジ色の鉄製のタワーに設置されている。このロケットは自由の女神より六〇フィート背が高い。ITNのカメラマンは四分の一マイル離れたところで巨大なズームレンズの焦点をフェアリーに合わせていた。

「この計画は『大打ち上げ』と呼ばれています」とフェアリーは言った。

「大」という言葉を合図にカメラが素早くパンして、フレームいっぱいにサターンVが映し出され、フェアリーは背景の中の一画素ぐらいにまで小さくなった。

「その一言にすべてが言い表されている」とフェアリーはうれしそうに振り返っている。彼はこういうときのテレビが大好きだ。彼は宇宙服やNASAのオーバーオールの作業服をちょっとした口実をつけて着ていた。三日後、サターンVが轟音とともに発射されたとき、フェアリーは新聞記者席にいた。発射台から三・五マイル離れていて理論上安全なはずだった。午前七時、静けさの中、夜明けの光が夜の最後の雲を洗い流した。車の屋根の上に座っている子供たち。男たちは空を見上げる。サターンVの五基のF－1エンジンに着火されると、発射台は炎に包まれた。一瞬、フェアリーはなにか不具合があったのかと思った。それから約三〇〇〇トンもの重さがある巨大な円柱が見ている者の感覚に逆らって空中に飛んでいった。フェアリーは肋骨が揺れているのに気づいた。人々は目の前の光景の力強さに信じられない思いで歓声をあげた。彼は自分が叫ぶ声を聞いた。「行け！　行け！　行け！」。CBSニュースのウォルター・クロンカイトの放送席のガラスの壁は砕け散った。

宇宙はフェアリーの仕事人生を乗っ取った。イギリスの民間のテレビ局が成長してきて、『イブニング・スタンダード』紙をやめる決意をした。一九六八年の春、彼は『TVタイムズ』という雑誌が全国版になることになった。フェアリーは『TVタイムズ』とITNの両方の科学編集主任のポストに誘われた。そのポストに就けば、活字と画面両方で活躍することができる。彼はチャールズ・ウィンターに退職の意思を伝え、新聞社での最後の数ヶ月分の仕事をやり抜き、トッテナム・コート・ロードの新しい同僚たちとランチに行って、キャリアの次のステージの計画を立てた。その年のうちに刊行された『TVタイムズ』の最初の全国版には轟音を立てて打ち上げられるサターンVと宇宙服を着たそばかすのある七歳の男の子（NASAにいるフェアリーの友人の一人の息子。この友人は偶然イギリス人だった）の写真に見出しがついていた。「ご紹介します……月に降り立つ最初のイギリス人を」。フェアリーらしい芝居っ気が発揮されていた。

彼は予知調査局のこともあきらめてはいなかった。フェアリーは『TVタイムズ』にデータとともに移籍しようとしていた。プレストンにも一緒に来ないかと声をかけている。彼はこの実験の行く末を見届けたかった。よいTV番組が作れそうだったたか

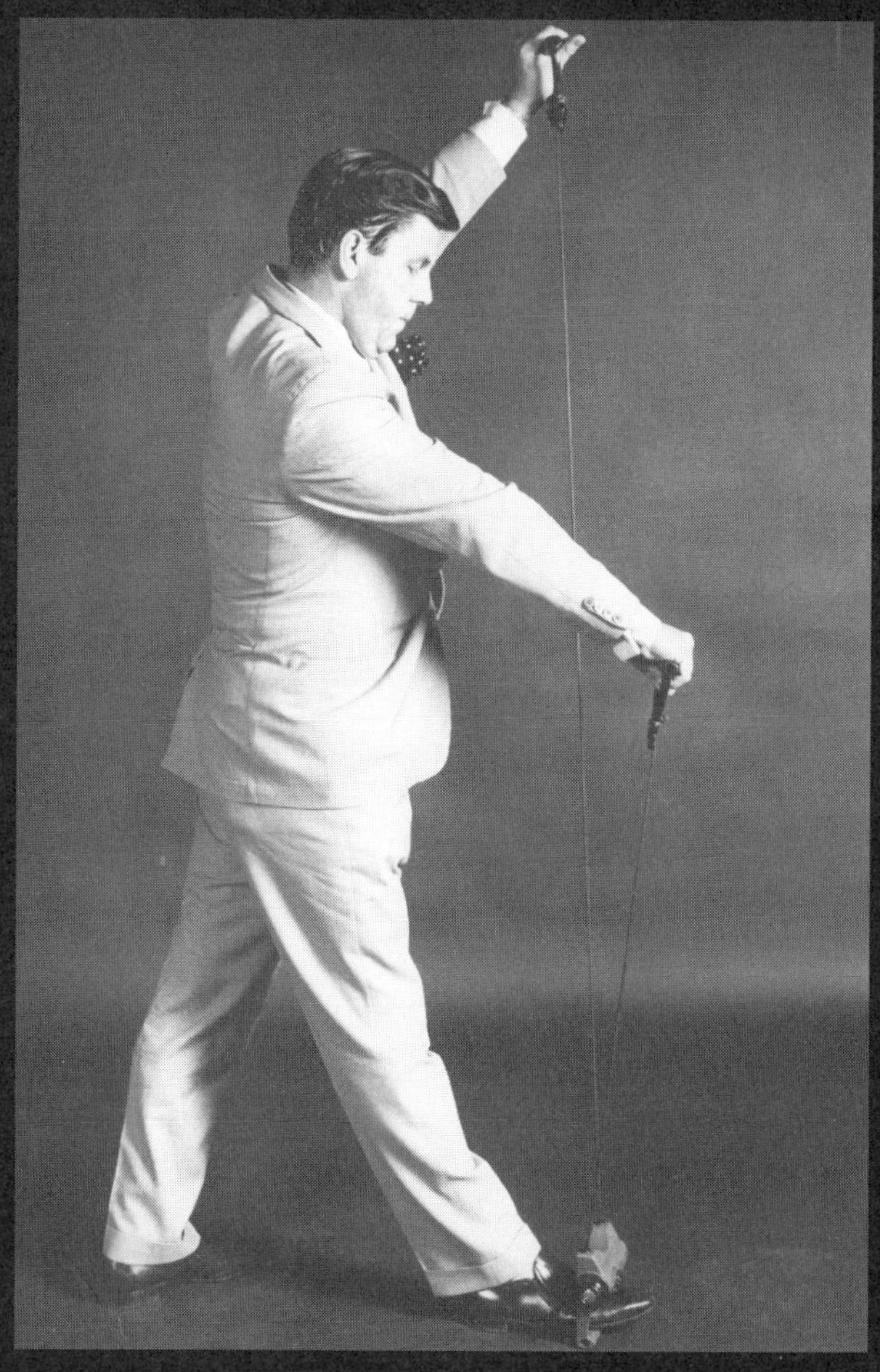

実演するフェアリー。
（提供：ダンカン・フェアリー）

ら。フェアリーは予知の仕組みを考えるときによく宇宙や宇宙の抽象性に思いを馳せた。彼はラグランジュ点に興味を惹かれていた。ラグランジュ点とはイタリア系フランス人の数学者ジョゼフ＝ルイ・ラグランジュの名にちなんだ、複数の天体の引力が均衡するためにそこにある物体が理論上、永遠に留まっていられる地点のことだ。

月に行く途中にはラグランジュ点があり、ここを境に地球の引力より月の引力に支配されるようになる。一九七七年のＢＢＣの超心理学に関するインタビューでフェアリーはもし宇宙飛行士がこの地点に自分の思考を残すことができて、それが一ヶ月遅れでやってくる別の宇宙飛行士の心に入り込むことができたらどうなるだろうと考えながら話した。インタビューの聞き手にそれはＳＦみたいだと言われたフェアリーは、「きちんと研究されていないのが嘆かわしい問題の一つだ」と答えた。

会話は予知の問題に移っていった。「とても興味を惹く話題です。とても多くのひとがその実在を知っている……」

「その実在を信じている、ですね」と聞き手が訂正する。

「実在することを私は知っていると言ったのです。なぜなら私にもそれは起きたからです」とフェアリーは答えた。

それでもどこかに境界線はある。そしてフェアリーは都会人であり、デイヴィッド・フロストの番組の控え室にいたような垢抜けない変わり者の知覚者たちには警戒心を抱いていた。これはバーカーにはまったくないことだった。それにフェアリーは予知は無意識の領域で行われていると考えていた。彼はギャンブル好きで競馬でよく当てていたが、そのうちにどの馬を選ぶかをよく考えるようになって当たらなくなってしまった。「こういうことを考えはじめると同時に忘れていってしまう」とフェアリーは語った。「だから未来を予想することを仕事にしていたり、アマチュアでも楽しんでいたりする人には非常に慎重にならねばならないのです。彼らが未来を予想するのにある種の思考を使いはじめたら、私はとても疑い深くなります」。四月一七日、フェアリーはヘンチャーとの最近のやりとりを報告するバーカーへの手紙で、予知調査局でもっとも予想を的中させている二人と連絡を取るのはそろそろやめるべきかもしれないとほのめかした。「こうしたことから、彼もミス・ミドルトンももう科学的な観点から言うと参加してもらえない！」

バーカーはよくわからなかった。「自分の力を過剰評価するのは残念ながら、千里眼の人たちによく見られる」と彼は返信に書いた。バーカーはミス・ミドルトンを気に入っていた。彼女を「人好きのする性格」だと思っていた。彼はヘンチャーが偏執的なのは認めるが、知覚者の不安は研究する価値のありそうなテーマであり、関係を終わらせる理由にはならないと書いた。バーカーは引き続き一九六八年の間はもっとも成績の良い知覚者のビジョンを集め続け、関係のある知覚者を減らすのではなく、もっと増やしたいと考えていた。「私はかねてより、同じような能力のある人はたくさんいるけれど、我々はまだ連絡を取ったことがないのだろうと思っていた。それはおそらくそういう人たちが予知調査局の存在を知らないからだ」と彼は書いた。

バーカーの手紙はどちらかというと控えめで、距離を置いた感じだった。「この段階では言いたくはない……」として彼は時間を稼ごうとしていた。彼も他のことで手一杯だったのだ。『死ぬほどの恐怖』の刊行というぞくぞくするようなすばらしい出来事の後にビーチ病棟の火事でシェルトン病院が組織として壊滅に近い状態に陥り、バーカーの医師としての職務も風前の灯だった。そして未だに彼は木々が鬱蒼と生いしげっていて光が届かないシュロップシャーの田舎から脱出できないでいる。バーカーは焼け落ちた病棟の前を毎日通る。彼はここではないどこかへ行きたかった。未来がいま、ここにあるとしても、つまりバーカーの未来がすでに存在していても、手の届かないところにある。病院の壁の外に浮かんでいるのだ。

☆

五月の午後早い時間、胴体の下部が灰色で、紺色の縁取りがある英国海外航空（BOAC）の定期旅客機が西に向かって飛び立つと、アイリッシュ海の上空で巡航高度に到達し、ニューヨークへと針路を取った。渡航はスムーズだった。客室乗務員たちは白い手袋をしていた。バーカーは飛行機ではいつも落ち着かず、窓側の席に座っていた。彼は今朝早く研究助手のミラーとともに荷物とアメリカでの三週間の講演ツアーで使うスライドを持って、ヨックルトンを出発した。ミラーは病院側から研究出張許可を却下されていたので、通常の休暇を取って今回のアメリカ行きにやってくるしかなかった。バーカーにとってはこれほど長くジェーンや子供たちと離れるのは、子供たちが生まれて以来はじめてだった。VC10が北アイルランドの海岸沿いに飛んでいると、雲の間から、戦時中父親がベルファストに配置されていた頃一〇代だったバーカーが過ごした海沿いの町、コールレーンとポートラッシュがちらりと見えた。彼の思いは時を超えて、過去へ未来へと展開していった。

この旅の公式の科学的な目的はバーカーとミラーが大学や州立の精神病院を訪問して、嫌悪療法についての講演をすることだった。嫌悪療法はアメリカのマスコミに衝撃を与えていた。しかしここでもまた、いつものように超常現象がらみの用事もあった。『死ぬほどの恐怖』はアメリカでは最初からペーパーバック版で刊行され、アメリカの出版社は真面目に科学を扱った本に見せようとはまったくしていなかった。カバーには「考えただけで死ぬ！」という言葉が躍っていた。題名の下には白いドレスを着た女性が、その裾を手に握り、恐ろしげなものから逃げている。絵の中の裂け目から突き出た目が彼女をにらんでいる。

アメリカではバーカーのアイデアは正統的なものも過激なものも、発表の場があった。当時イギリスにあったものより格段に大規模で資金が潤沢な超常現象の調査プロジェクトがアメリカではいくつも行われていた。今回のバーカーの旅の目的地の一つにはブルックリンのマイモニデス医療センターが含まれていた。ここは精神医学者のモンタギュー・ウルマンが一九六二年から夢とテレパシーについての実験を行っている場所だ。バーカーはアメリカ心霊現象研究協会でも講演をしたいと思っていたが、コピー機の発明者で死後の生を信じているチェスター・カールソンの寄付による改装中だった。

このツアーは神に与えられた恵みのようだった。代わり映えのしないシェルトンを、多分永遠に離れるチャンスだった。自分の世界の外へ踏み出す第一歩になるかもしれない。しかしこの冒険はどこか現実感がなく、手に余る感じがあった。バーカーはこの旅を「人生最大の旅」と呼んでいた。自分にはこんなことは二度と訪れないのがわかっていた。だから出発の際には興奮と運命的な雰囲気が入り交じっていた。バーカーは午後三時過ぎ、大西洋上空でBOACの便箋に万年筆で手紙を二通書いている。一通目は両親に宛てたもので、「シェルトン病院の状況はまだひどい」と書いている。彼は〝嫌なやつ〟のリトルジョンと前日にまた口論をしていた。二通目はジェーンに宛てたものでもう少し穏やかで哀愁のこもった感じだ。一家はイースターにウーラコンベに戻った。バーカーはその休日の様子を思い返していた。ボウベルズの新しい家も思い浮かべる。シェルトンから抜け出せなくなることを恐れていたけれど、家族にいま安定を与えられていることに慰めを感じてもいた。「やっと君は僕がなにかをしてくれたと言えるようになった（ヘリソン病院やなんかの後でね）」と彼はジェーンに書いている。彼がアメリカに行っている間の経済的なことは心配しなくていいとも書いている。「いまとなっては金などなんだというんだ?」

ツアーの最初はとにかく疲れた。ニューヨークに到着した夜には『死ぬほどの恐怖』と嫌悪療法についてのラジオのインタビューに答え、八番街のマンハッタン・ホテル

DELL
7527
60c
Thoughts can kill! A medical doctor's amazing, fully documented case histories of deaths caused by strange and terrifying psychic powers
SCARED TO DEATH
BY J. C. BARKER, M. D.

『死ぬほどの恐怖』アメリカ版
（バーカー家提供）

の自室に着いたのは午前三時だった、バーンフィールドを出発してから二四時間と少し経っていた。一日休養した後、彼とミラーは講演のためにフィラデルフィアに向かい、その後、大学病院で研究発表をするためにオンタリオ湖のほとりのロチェスターまで飛んだ。それから一〇日の間、二人はレンタカーのダッジ・モナコを運転してアメリカ東部沿岸を縫うように移動しながら、医大や精神病院を回った。雨の中でナイアガラの滝も見た。

バーカーはアメリカの広大さに驚嘆した。地図を見てもまったく進んでいないように感じる日もあった。だが気に入った場所もあった。バーモント州の美しさはシュローズベリーの南、ウェールズの国境にあるワイ渓谷を思い出させた。彼はコレクションに加える時計を一つ買った。ケープ・コッドでは、波が静かに打ち寄せる海を背に岩の上に座っているバーカーの写真をミラーが撮っている。彼は茶色の長袖のポロシャツを着ている。白髪交じりの黒髪が後退している生え際に向かって乱れた感じで垂れかかっている。彼には秘められた、静かな好戦的なエネルギーがある。バーカーとミラーは車で移動中にその年の春のアメリカの不穏な空気を感じていた。ベトナム戦争の真っ只中で、アメリカが敗色濃厚であるのがわかってきていた。ちょうど一ヶ月ほど前にマーティン・ルーサー・キングがメンフィスのモーテルのバルコニーで暗殺された。ある日、ボストンに向かう途中、たぶんハイアニス・ポート付近で、二人はロバート・ケネディを見かけた。ケネディは一九六八年の大統領選挙で民主党の指名を受けようと、人々を熱狂させた最後の選挙運動をしているところだった。大都市はバーカーを不安にさせた。「アメリカは私もミラーも気に入ったけれど、病んでいる社会だ」。フィラデルフィアはひどかった。ニューヨークの依存症患者や浮浪者に彼はおびえた。空に向かってビルが延びているマンハッタンの景色はあまりに男根崇拝的で、彼は凝視せずにはいられなかった。

二人はミス・ミドルトンが生まれたボストンでは、シェラトンホテルで行われたアメリカ精神医学会の年次総会で、五〇〇人の医師たちを前に嫌悪療法の研究について講演をした。聴衆の中にはフロイトに師事していた自殺研究の世界的権威、アーウィン・ステンゲルもいた。発表の間に笑い声が起こることもあり、バーカーは気後れした。いい徴候なのかどうか彼にはわからなかった。「ここに来たからといって、気に入られるとは限らない」と彼はジェーンに書いている。多くの病院は彼を落胆させた。「私はここの州立精神病院で講演をした」。彼はニュージャージー州アンコラから書き送った。「それは非常にひどかった」。バーカーは訪れた場所や現地の人たちに嫌悪感を示しながらも、仕事の誘いや研究の機会を与えてくれる声がかかるのではないかと期待していた。彼はこの矛盾が問題の一部であることを自覚していた。「私はアメリカの精神医学界はそんなに好きではないと思う。でもイギリスのだって好きではない!」。忙しいスケジュールに彼は疲れてきた。ミラーは胃腸炎になった。しかし講演をする場所に困ることはなかったので、二人はとにかく進んでいった。バーカーとミラーはツアー一四日目にニューヨークに戻った。そしてまたさらに会議やセミナーが詰め込まれている。日曜日の朝には行動療法士の会議で二時間半の発表を行った。

数日の間、午前中に嫌悪療法について、午後には『死ぬほどの恐怖』と予知調査局についての講演を行っていた。

マイモニデス医療センターではウルマンの夢研究所の超心理学者たちが予知調査局についての講演を聴きにきた。その中には研究所に協力している三〇歳のロバート・ネルソンがいた。ネルソンは『ニューヨーク・タイムズ』紙の流通部門で働いていた。金髪で青い目をした、オハイオ出身のネルソンはグリニッジヴィレッジのフォークシーンにも関係していた。彼の双子の兄ウィリアムが霊媒師だったのだ。翌月、ネルソンは中央予知登録所というアメリカ版の実験をはじめた。タイムズスクエア郵便局の私書箱四八二号に拠点を置いていた。

五月二六日、ミラーはイギリスに帰国し、その際に講演に使う機器をほぼすべて持ち帰った。バーカーはカリフォルニアにもう一週間滞在した。ニューヨークからの機内でロッキー山脈の上空に広がる寒冷前線を見た。乱気流で機体が揺れる中、彼はジェーンに便箋七枚分もの手紙を書いている。「一人で旅をしているのはとても怖いと言わねばならない」とバーカーは打ち明けている。「けれどこの段階でこのチャンスを逃すのは惜しい。たぶんこんなチャンスは二度とない」。嵐がひどくなっていき、バーカーの手紙はこう続く。「椰子の木みたいに揺れている！」、追伸に彼はこう書いた。「死ぬほどの恐怖だ！」

ロサンゼルスでは昼も夜も予定がなかった。彼はバスツアーに参加し、ハリウッド大通りのチャイニーズ・シアターの外にある映画スターたちの手形と足形を見た。彼はクラーク・ゲーブルと足のサイズが同じであるのを発見した。街ははてしなく広がり、蒸し暑かった。サンセット大通りのヒッピーたちを眺めた。ハーバーフリーウェイのはがきを家族に送っている。「こんなにたくさんの車をはじめて見た」。ある日には、ヘリコプターに乗って、サンバーナーディーノに行き、パットン州立病院で講演をし、ついに仕事のオファーが来た。カリフォルニアの受刑者のための精神病院での仕事で、年収一万七〇〇〇ドルとシェルトンよりも待遇はよかった。「君が気に入るとは思えない」と彼はジェーンに手紙を書いた。彼はダウンタウンのホテルでなかなか眠れなかった。

☆

毎日、ニュースが報じるのはロバート・ケネディのことばかりだった。カリフォルニアの予備選挙の投票日まであと一週間だった。選挙事務所が置かれているアンバサダー・ホテルはバーカーが滞在するホテルからそれほど離れていなかった。ケネディは、バーカーがやってくる二日前にはロサンゼルスのスポーツ競技場、エクスポジション公園で行われた、ゴールデンタイムにテレビ中継されるガラに姿を現した。その夜のホストはケネディの友人で、「ムーン・リバー」を歌った歌手アンディ・ウィリアムスだった。バーズがボブ・ディランの歌を演奏し、ジェリー・ルイスがミニコントを披露した。ジーン・ケリーも出演した。ラケル・ウェルチは靴まで隠れる白いロングドレスを着ていた。ロバートの一一番目の子供を妊娠中の妻エセル・ケネディもそこにいた。

この日は金曜日の夜で、四二歳のケネディはこの日の昼間は一〇〇〇マイルも北のオレゴンで選挙運動をしていた。彼はこの日五回目の飛行機に乗って駆けつけたが、ガラには遅刻し、はじまってから舞台に登場した。彼は息もつけないような八〇日間の選挙運動の中で、ケネディ家の華麗なる人脈と富を駆使しながら、ベトナム戦争の終結やアメリカの貧困や人種差別への対策などについて感情的かつ道徳的に訴えた。彼は群衆に靴を奪われてもそのままにしていた。こぶしを合わせたり、握手をしたりしすぎて、手から血が出ていた。ジンジャーエールを飲んでがんばっていた。ロサンゼルスの舞台上に登場した彼は映画「アパートの鍵貸します」のスター、シャーリー・マクレーンに紹介された。彼は当時自分を嫌っていたカリフォルニア州知事ロナルド・レーガンとロサンゼルス市長サム・ヨーティについていくつか冗談を言ってから、選挙戦での熱い主張という本題に入っていった。彼はジョン・ダンとアルベール・カミュ、それにピラミッドのレンガに刻まれていたというお気に入りの古代の落書き「それを口に出せるほど怒っている者はいなかった」を引用した。

ミス・ミドルトンはケネディが殺されると知っていた。彼女はマサチューセッツ生まれだからケネディ家に関しては特によくわかるのだと主張する。三月一一日、彼女はバーカーに手紙を出した。「暗殺という言葉がまだ続いています。それをロバート・ケネディから切り離すことができません。歴史はまた繰り返すのかもしれません」。

カリフォルニア州オークランドで選挙活動をするロバート・ケネディ。
（Bettman Archive via Getty Images）

その月のうちに、ミス・ミドルトンはアメリカのジャーナリストに、二人の男性が危険にさらされていると語った。シャルル・ドゴールとロバート・ケネディのことだ。彼女は四月の間に何度もケネディに関する警告をしていた。

ケネディの身を案じていたのは彼女一人ではなかった。選挙事務所には彼を殺すという脅迫状がよく来ていた。ケネディの広報担当者フランク・マンキーウィッツはFBIから暗殺を狙っている犯人かもしれない人物の写真を提供されていたので、群衆の顔をよく見ていた。ケネディ自身は宿命論者で、ボディガードを一人しかつけていなかった。ケネディは後に彼の伝記を書くことになる記者ジャック・ニューフィールドにこう語っている。「毎日がロシアン・ルーレットのような生活だよ。人々にその身を捧げ、彼らを信じたんだ。それ以来、ただあの年老いた女、幸運の女神が……遅かれ早かれ生命を狙われるだろう。理由はきっとそれほど政治的なことではない。そうは思わない。単にいかれている、それだけだ。そういうことはあちこちに十分にある」

一九六三年に兄ジョン・F・ケネディが死んでから、ロバートはミルトンが『失楽園』で「生き延びすぎた」と表現した、生き残った者の罪悪感の極端な形を経験していた。彼はエディス・ハミルトンによる古代ギリシア哲学のガイド『古代ギリシアの生活と思想（The Greek way）』に慰めを見出していた。ハミルトンはインディアナ州フォートウェインの小学校長をつとめていた女性で、従来の学者とは違うが、一般向けの人気作家であり、言語感覚に優れていて、苦しみが報われるという直感的な考え方を持っていた。アイスキュロスを自由に翻訳し、古典の言葉を彼女自身が組み合わせたものが一九六八年のケネディの演説で効果的に使われていた。

「人は安全地帯に引きこもっているようにはできていない」。ハミルトンがアイスキュロスについて書いた言葉にケネディはアンダーラインを引いている。「危険のある人生こそ充実した人生だ。そして最悪の状況でも、敗北を勝利に変える力が人間には備わっている」。悲劇とは否応なく進んでいくものであり、進むにつれて自らの選択を問い直さねばならなくなるのもまた悲劇である。「ああ、それは私かもしれなかった」。この年の春にマーティン・ルーサー・キングが撃たれたとき、ケネディはそう言った。その夜、大統領選挙の指名を求めていたケネディはインディアナポリスの黒人たちが住む地域で、衝撃を受けている住民たちに美しい言葉で兄の死を悲痛に語った。彼はハミルトンがアイスキュロスをごたまぜに翻訳したものを、一部を改変して引用し、傷ついた人々の心をなぐさめた。

☆

ギリシアの哲学者たちは人間の運命はその人の人となりと切り離せないものだと知っていた。人の行動はその人特有の気質「エトス」と、人間に影響を与える神の力「ダイモン」の表れだった。ソクラテスには声に出して語るダイモンがいた。紀元前三九九年に裁判にかけられたときの告訴理由の一つが、あらたな神を持ち出したことだった。ソクラテスは自分を導いてくれる千里眼の霊魂の話をおおっぴらにして、アテネの人々を不安に陥れたというのだ。「このお告げは子供の頃から受けている」。プラトンによると、ソクラテスは裁判官たちと彼を裁くためにアゴラに集まった五〇〇人の市民たちを前にして言った。「このお告げは声になって私に伝えられ、いつも私がやることを止めるが、なにかをしろと命令されたことはない」。ソクラテスはこの予言に完全に従っていた。裁判の間、どの段階でも彼は許しを請うことも、流罪になることも、罰金を払うこともできた。彼は七〇歳だった。人脈ならいくらでもあった。しかし彼はそれと正反対のことをした。彼は自分を告発した者たちを挑発したのだ。彼らに講釈を垂れた。罰の代わりに褒美をくれと言った。警告する声は聞こえてこなかった。ソクラテスが有罪で死刑を宣告されたときも、ダイモンは行動を変えるように言ってこなかった。友人たちは彼を助け出そうと彼がとらわれている部屋にやってきた。しかし彼は彼らを追い返してしまった。「不思議なことが私に起こった」と彼は言った。「人が最大の災いと考えるようなことであり、実際に一般的にはそうだと思われているようなことが私の身に降りかかってきているが、神からの警告の声はまったく聞こえてきていない」。災害がないなら、事前の予知もないはずだ。ソクラテスはヘムロックの毒杯を唇にあてた。「私に起こることは疑いもなくいいことなのだ」と彼は分析した。「だから死を悪いものだと考えている我々は間違っている」

☆

バーカーはアメリカツアー最後の数日をサンフランシスコで過ごしていた。太平洋が彼を誘惑したが、彼はサーフィンをするのが怖かった。無気力で孤独を感じていた。「今、私はただ身体を丸めて死んでしまいたい。君たちのいる家に帰りたくて仕方がない」。同時に、彼は元の生活に戻ることも恐れていた。「シェルトンに戻ったらトラブルが待っているだろう」と彼は書いている。「これから先どんな邪魔が入るのだろうと思う」。バーカーは六月一日にシュローズベリーに着いた。この日は土曜日だった。翌週の月曜日はカリフォルニア予備選挙の運動の最終日だった。午前中遅くに、サンフランシスコのチャイナタウンで人混みにもまれていたとき、ロバート・ケネディの近くで爆竹が鳴った。連続して激しい爆発音が鳴る。お付きの者たちはしゃがみ込ん

1968年5月、米国でのバーカー。
（提供：バーカー家）

だ。ケネディは握手を続けた。その翌日、ミス・ミドルトンは半狂乱になっていた。「また暗殺事件が起こります。またアメリカです」。彼女はバーカーに書き送っている。六月四日には三回、予知調査局に電話し、殺害事件が迫っていると警告している。その日の午後、ロサンゼルスの海岸でケネディの一二歳の息子デイヴィッドが引き潮にさらわれそうになり、ケネディは息子を助けようと海に飛び込んだ。真夜中少し過ぎ、カリフォルニアの予備選挙で勝利宣言をした直後、彼はアンバサダー・ホテルの厨房を通り抜ける途中で、頭を撃たれた。「すべて問題はない」。ケネディは床に倒れ、ささやき声でそう言ってから亡くなった。バーカーはこれはミス・ミドルトンのこれまでで最高の予知だったと書いた。「あなたはすばらしい」

☆

色とりどりの埃が落ちてきた。人々は目を覚まして、それを見た。バスの窓にはオレンジの筋ができ、舗道の石はかすかに黄色くなっていた。夏の木の葉には白い点々がついていた。埃は乾くと化粧のようにきめ細かかった。指で触れてもほとんど感じないくらいに。雨と混ざると側溝が赤く染まった。一九六八年六月一日、月曜日の朝だった。不吉な空気が漂っている感じがした。イギリスの東部で熱波から火事が起こった。ロンドンは暑すぎた。タワーブリッジは誤動作で開きっぱなしになった。国会議員がジャケットを脱ぐ許可を求め、却下された。北部と西部には、大西洋から湿った寒い空気が流れ込んできていた。空にはアルジェリアのアハガル山地から立ち上り、サハラ砂漠から飛ばされてきた砂が一〇〇〇万トンがたれ込めていた。

シェルトンでは程度の差はあれ、なにもかもが衝突していた。気象学者はウェールズ国境に沿ってスコール線がやってきていると言い、その線に沿って人々は一七五五年以来のイギリスで、もっとも奇妙な天気を経験することになった。氷が降ってきて、道路にたたきつけられた。温室に色が付いた雨が降りかかったかと思うと、ゴルフボールほどの大きさの雹の粒がたたきつけてきたのだ。ウェルシュプールの町は洪水により分断された。どしゃぶりのときに納屋で薪割りをしていた老人が納屋ごと川に飲み込まれ、溺死した。試験会場が床上浸水し、生徒たちは足をあげているようにと言われた。シュローズベリーでは、七三歳の女性が一人でテレビを観ていたら、落雷で家の屋根に穴が開き、リビングルームのカーペットが黒焦げになった。正午には嵐で空は緑色と黒色になっていた。ストックトン゠オン゠ティーズでは車はヘッドライトをつけ、マンホールの蓋が雨水で押し上げられ、人々は道ばたにひざまずいて祈った。アバーファンはまた押し流されたのだ。

雷鳴の中で、シェルトンの火災の公開審問がはじまった。審問はシュローズベリーのアシズ・コートで行われた。ここは町の外れにある郡議会の新しい本部の一部だった。シェルトン病院のゴシック様式の廊下とはかけ離れた現代建築の州公会堂が昨春、女王によって公開された。細長い長方形の窓に雨がたたきつけている。バーカーは傍聴席に座っていた。それから二週間、四〇人が証言台に立った。バーカーは看護師たちが互いに矛盾する証言をし、あの夜の出来事が支離滅裂に語られるのを聞いていた。病院に住み込みの消防士ジョセフ・ウェイドは一一年間にわたって「名ばかりの仕事」しかしておらず、女性スタッフと話すことを禁じられていたと証言した。イーノックは審問にやってきて、エコラリアの診断について証言した。バーカーは隠蔽を感じた。「証拠が矛盾していて恐ろしい」。彼はバーバラ・ロブへの手紙に書いている。「そして、そのせいでこの病院の評判は非常に悪くなるだろうと確信した」

七月一一日、バーカーは四四歳になった。翌日は彼の父の七七歳の誕生日だった。二人は互いに小切手を贈りあった。ジェーンとチャーリーはたばこをプレゼントしてくれた。バーカーはアメリカから帰って以来、やる気を出すのが難しくなっていた。彼はいまも嫌悪療法の研究のために病院でしかるべき場所を使いたいという申請を取り下げていなかった。彼の予想通り、ミラーは公演ツアーに同行したことで罰せられた。彼女は給与の支払いを一時停止され、その後、休暇中の給与を三日分カットされた。バーカーは彼女が辞めてしまうのではないかと恐れた。そうなったら彼はさらに孤立してしまう。「私は関わったことを非常に恥じている」。彼はチャーリーに宛てた誕生日の手紙でシェルトン病院についてこう書いている。彼はシェルトンは汚水槽のようだとも書いた。それでも子供たちは元気だった。長い夏休みがはじまろうとしていた。ボウベルズの完成がついに近づいていた。彼とジェーンは翌月にヨックルトンから引っ越してくる予定だった。しかしバーカーは未来への希望を失い、空虚さを感じ、苦しんでいた。「ここに住むことは無駄なように思える」と彼は書いている。

七月が終わりに近づくにつれ、バーカーは頭痛に悩まされるようになり、それはだんだん悪化していった。耐えられないほどの痛みを感じることもあった。彼はシュローズベリーのコプソーン病院に入院し、ベッドで研究や手紙を書くことを続けた。ジェーンは後に書いている。「彼は〝降参する〟ような人ではなく、「あの仕事」をやりたいといつも思っていたのです」

七月二七日の夜、ミス・ミドルトンはまた夢を見た。彼女はその夢をバーカーに関するさらなる警告だと解釈した。彼女は海の近くの民宿に滞在していた。亡くなった両親も彼女と一緒にいた。「短い間、私たちは楽しくお茶を飲んだ」と彼女は振り返る。それから母親が立ち上がると黒い車に乗り込み、ミス・ミドルトンを突き放した。彼女はしばらくその車を追って走ったが、後でこの夢が彼女の身近な誰かが死ぬことを暗示しているのだと気づいた。彼女は目覚めたとき、自分がトランス状態になっているると感じた。感覚が鈍くなり、世界からなにかで隔てられているような気がした。昼食のとき、彼女は予知調査局にメモを送った。「これは死を意味しているかもしれません」

☆

六〇年代のはじめ、すでに子供についての革新的な著書があったフランスの歴史家フィリップ・アリエスは、人の死に方について深く考え込むようになった。アリエスは大学の職に就いたことはない。三五年間、熱帯の果物に関する調査機関の文書部門の責任者をつとめていた。彼はときどき資格のある学者たちに「バナナ売り」と揶揄されることがあった。彼は通勤電車の中でラテン語を読んだ。アリエスはフランスの葬儀の習慣――墓地まで葬列を組んで行き、墓を大切にすること――は非常に古いものなのか、最近作られたものなのかを疑問に思った。彼は一八世紀に作られたパリの大きな近代の墓を掘り返して調べた。その調査の間に廃止された墓や混ぜられた遺骨などのどきどきするような世界を垣間見て、女性と男性は人生の終わりに違う扱いを受けることを知った。彼はまず古い儀式や中世の死の舞踏の詩について調べているうちに、アリエスは自分を止められなくなった。妻プリムローズとともに国立公文書館を訪ね、三年間にわたって毎週末、古くは一六世紀から一九世紀までの古い遺言書を読んで過ごした。彼は自分の死のストーリーを考えた。「後戻りはできなかった!」とアリエスは振り返る。「私はすべての自由を失う。今からこの拡張し続けている調査に完全にかかりきりになる」。一〇〇〇年の間に、死が非常に個人的なものになっていった結果、見えなくなるところまできたという結論にアリエスは達した。その過程で、恐れられるものにもなった。中世の初期には、死はもっとありふれていて、単純で、集合的なことだった。「我々はみな死ぬ」。死の用意ができていることの知らせはいい人生のしるしだった。ひとりでに鳴り続けるベル。自室の部屋の床が三回ノックされる。トゥルーズでは1151と刻まれている碑文には教会堂の番人サン・ポール・ド・ノルボンヌが「死が自分の横に立っているのを見て」、遺言書を書き、祈り、

メリー・カールトンズの一人。
（提供：クリスティン・ウィリアムズ）

死んだ様子が書いてある。アーサー王伝説では、自分の城が燃えているのを見たバン王が馬から落ちて、空を見上げ、「おお、主なる神よ……たすけ給え。私は自分の死がやってくるのを見て知った」と祈った。見て知った。アリエスは著書でこの部分をイタリック体にして強調している。アーサー王の甥ガヴェインはこう尋ねる。「ああ、善なる王よ、ではそんなにすぐ死ぬとお考えなのですか?」。彼は答えた。「そうだ。私はもう二日と生きられない」

彼の医師も友人たちも僧たちも（僧のことは書いてなかったり、忘れられたりしているが）彼と同様に知っていた。死にゆく者本人だけが残された時間を知っているのだ。

アリエスは昔の死の風習が息づいているのを見つけるたびに魅了された。一九五九年、アリエスが『我々の死の時』を刊行する二〇年ほど前に、オハイオ州北部のビュサイラスで、マレト・ハンザコスという引退した靴磨きが自らの人生の終わりの準備をはじめた。ハンザコスはマイクと呼ばれていて、第一次大戦後にギリシアのスパルタからニューヨークに移り住んだ。彼は三〇年代にビュサイラスに腰を落ち着け、靴磨きをしたり、野菜を栽培したり、ライトバンを運転して、赤信号のときに進み、青信号になると停まったりしていた。彼は生涯未婚で、英語もあまり話さなかった。七七歳のときにわずかな痛みを感じた。彼は最後の一年間に墓地の区画を選び、墓石を刻ませ（死亡の日付以外を）、墓の手入れをして、葬式の手配をし（ギリシアの国の色である白と青のリボンを結ぶように）、地元の新聞に載せる死亡記事を書いたが、これは生きているうちには掲載できないと新聞社に断られた。彼はイングランドの司祭ジェレミー・テイラーが一六五一年に書いた『聖なる死の規則と実践』という本を読んでいたのかもしれない。「死は心臓そのものを取りに来るため、とても近くにやって来る。だから自分の墓を掘り、棺を目の前に置くしかない」

ハンザコスはクリスマスの翌日のボクシング・デイに姉妹のコンスタンスとその息子などの家族にミシンガンまで車で会いに来てほしいと頼む。みなで町のＬＫレストランでハンバーガーを食べ、彼の墓を見に行った。彼は誇らしげにこの墓を見せたのだが、彼らは動揺した。それからミシン店の下にある彼のワンルームの自宅にみなで詰めかけた。ハンザコスは自分で作った瓶詰めの野菜と現金が入った封筒をいくつか差し出した。靴磨き用のブラシを贈られることになった甥が遠慮しようとするとハンザコスは「いや、おまえ、私にはもうなにも必要ないんだ」と言い、キッチンテーブルの方へ一歩進み出ると、床に倒れた。医師が到着したときには彼はもう死んでいた。壁には一九六〇年のカレンダーが一〇枚も貼られていた。ハンザコスが見ることのなかった年だ。

「時間通りに死んだ男」というハンザコスの死の予知の物語は一九六〇年のはじめに『ライフ』誌に発表された。それが数年後、こうした物語を収集していたニューヨーク州北部のロチェスター大学の精神医学者ジョージ・エンゲルの目に留まった。エンゲルはバーカーと同じように、感情の過度の昂(たかぶ)りや、自分の運命を確信したことが原因で急死したと思われる人のエピソードに魅せられていた。バーカーは五月にエンゲルの病院で講演を行っていて、帰国後、エンゲルと手紙のやりとりをしていた。エンゲルは医師ジョン・ハンターの乱暴な死に方について言及している。バーカーがセント・ジョージの医学生だったときに実験をしたあの幽霊だ。エンゲルはアバーファンの惨事にもとても心を揺り動かされていた。臨床試験で、悲しみのホルモンについて調べるためにボタ山についてのスライドを上映する際に、よく自分で泣いてしまう。

エンゲルは六〇年代に不気味な急死のケースを一七〇件集めているが、そのほとんどは新聞記事から見つけている。集めたケースを彼は「自負心の喪失」、「激しい悲しみの最中」、「危険が去った後」（地震の後、このように死ぬ人が数人ほど出ることが多い）など八つのカテゴリーに分類している。エンゲルはバーカーと同様に、精神医学の新領域をひろげたいと思っていて、感情が与える生理学的な影響にもっと注意を払いたいとも望んでいた。一九八〇年に彼は新しい「生物心理社会モデル」の指標となる論文を発表する。これは患者の身体だけでなく、心やその人の生きる社会についても考慮に入れる医学モデルだ。彼はノセボ効果についても時間を費やしていた。そしてバーカーと同様に、完全に合理的でない現象にも惹かれている。一九六三年六月一一日、エンゲルの双子の兄弟で、著名な医師でもあるフランクが四九歳のとき心臓発作で急死してしまう。ふたりはとても仲の良い兄弟だった。子供の頃は見分けがつかなかった。ライバルであるが、最近では医学の世界で協力しあってもいた。二人は互いを「Other（別の）」を縮めた「Oth」と呼んでいた。

フランクの死後、エンゲルは彼の人生も残り少ないのだと確信した。彼は自分の横に立つ死を見たのだ。それから魔術的な考えにとらわれた。もしもフランクが亡くなってから一年以上生きることができたら、それからは普通に生きていけるだろうと。「この考えにはなんの根拠もないのはわかっていた。けれどそれでも打ち消すことができなかった」。エンゲルはそう振り返っている。一九六四年六月九日、フランクの命日から一一ヶ月足らずのとき、ジョン・ハンターと同じように、エンゲルは自身が予想していた心臓発作に襲われた。彼が感じたのは恐怖ではなかった。「発作のときの反応はすごくほっとしたということだった。私は嫌な会議に出るのを逃れられたし、心臓発作におびえ続けなくてよくなる。やりかけだったことが完了するような感じだった」と彼は一九七五年の類を見ない論文に書いている。「私は穏やかで澄み切った気持ちだった。もう待たなくて良くなったのだと」。見て知ったのだ。

☆

フェアリーはあるときバーカーに恐怖のあまり死ぬ仕組みをどう考えているか聞いたことがある。バーカーは二つの仕組みが働くのだと思うと答えている。「暗示が重要だと思う。しかし一方で、死ぬ日時はあらかじめ決まっていたのだとも考えている」。彼はゆっくりとした口調になり、慎重に言葉を選んで言った。「そしてそれでも、こう言ってよければ、ある程度まで……決まっている」。つまり、「ヴードゥー教の呪い」の場合、誰かを怖がらせることでその心臓を止めることができるかもしれない。その対象がラットだったら、ひげを切れば死んでしまう。しかしその人の死が単にまだ先のことだったら、それはまだ起きない。警告によりそれが起こるわけではない。未来はすでに存在するのだ。自分の運命を垣間見る人がいるのだ。ほとんどの人には見えないけれど。

シュローズベリーのコプソーン病院では、バーカーに自説が迫ってきていた。バーカーは長年研究し、考えてきた、死を予想する状態になっていた。彼はかつてジェーンに自分は早死にすると思うと語ったことがあった。彼は恐れていないようだった。おそらく自分の説が証明されると思っていたのだろう。彼は大いなる秘密をいま知ろうとしているのだ。彼は大きな枠組みの一部なのだ。

予知調査局が運営されていた一年半の間に、バーカーが間違った道を進んでいるというシグナルはたくさん出ていた。彼が医療専門誌で自らの考えを述べたとき、病院の同僚たちはそれは品位に欠けているし、恥ずかしいことだと忠告した。彼の出版を邪魔しようとしていたリトルジョンと〝心が狭い〟NHSの委員たちでさえも、おそらく、彼の評判を守ろうとしていた面もいくぶんかはあったのかもしれない。彼の人生の中で本当に回避できる悲劇が起こったとき——、非常ベルや消火ホースがたくさんあったのに、誰もそれを使えずにシェルトン病院が焼けたとき——予知調査局は役に立たないことが証明されてしまった。九七パーセントの予知は実現しなかった。スター知覚者二人は利用され、ひどい扱いを受けていると感じていた。妄想の定義として有用な言葉は、世界に関しての不正確な信念というものだ。自分が間違っているという証拠を突きつけられても変えることができない信念だ。仮説は証明できなかった。快楽原則は現実原則によって打ち消された。我々の最良の希望ともっとも強烈な恐怖はめったに実現することはない。間違った予知が脳内で上げた火花は消え、虎を暗闇へと帰す。予言は偶然だったことになる。上がっていた心拍数が戻る。実験はもう行われない。パターンは広がらなかった。

しかし実験が偶然にも自分の人生を語っていたときにはなにが起こる？　そしても し、そのパターンが続いたら？　我々の人生は何度もやり直せる実験ではない。予知調査局では最終的に全体の三パーセントは当たっていた。バーカーは自分はこの三パーセントに入るのだと思った。普通ではないこと。正確さ。タイミング。自分は死ぬのだという予感。そして観察できる現実があった。私は見て知った。

☆

バーカーは八月の半ばに退院した。彼は仕事に復帰することを許されたが、徐々に行うように助言された。頭痛の原因については説明がなかった。くも膜下出血の患者の約四分の一は今でも医師に誤診されている。彼らはサインを見落としている。バーカーはシェルトン病院での最後の一週間、いつものように病棟を巡回していた。恐怖についての新しいアイデアにも取り組んでいた。ミス・ミドルトンはウィンザー公夫妻についての警告を送った。「私はいつもの通りにこの予知を登録しました！」。彼は返信を送った。金曜日、バーカーは担当地区の北の端にあるホワイトチャーチの患者を往診した。その患者は後に、彼が「とてもやさしく、礼儀正しく、しっかりと助言をしてくれた」と振り返っている。その翌日、バーカーは友人のイーノックとその妻が休暇でウェールズ北西部の保養地ランディドノに出発するのを見送った。バーカーの家族は最後の週末をヨックルトンで過ごしていた。日曜日の朝、家族はみな階下にいて、天井越しにバーカーの苦しそうな呼吸の音を聞いた。彼は寝室の床に倒れていた。短い間、意識があった。「そのすべてが明らかにあり得ないということ自体に私は惹かれているのかもしれない」。彼はかつてそう書いている。雷が鳴る前のこの瞬間、あり得ないことなどなにもなかった。そして未来が大音響とともにやってきて、心臓が止まる。

August 20, 1968

Dear Mr. Hencher,

I regret to have to inform you that Dr. Barker died suddenly on Tuesday, August 20 last.

Yours sincerely,

Consultant's Secretary.

Mr. Alan P. Hencher,
27, Lodge Avenue,
DAGENHAM,
Essex.

アラン・ヘンチャーへの手紙。

（提供：バーカー家）

エピローグ

一九六八年一〇月二〇日、ジョン・バーカーはシュローズベリーの病院で亡くなった。彼の死とその前に送られた警告は『超常現象ニュース』紙の一面を飾った。彼が死ぬ前日の朝、ミス・ミドルトンはまたもや息が詰まるように感じて目を覚ました。彼女は助けを求めて叫んだ。バーカーの死後、彼女は予知のほとんどをニューヨークの中央予知登録所に送った。彼女は一九九九年に猫たちに囲まれ、バッキアレーリに看取られた。ピーター・フェアリーはイギリスのテレビ界での活躍で「宇宙の顔」として知られるようになり、月着陸を中継し、六〇年代と七〇年代のNASAのミッションの歴史を記録した。彼は一九九八年に六七歳で亡くなった。アラン・ヘンチャーはバーカーの死後、予知調査局との連絡を断ち、サフォークに引っ越した。ジェーン・バーカーは再婚して幸せに暮らし、二〇一四年に九〇歳で亡くなった。

予知調査局は七〇年代までイギリスの人々からビジョンや予感を集めていた。ジェニファー・プレストンは細心の注意を払って目録を作っていた。彼女はロンドン南部のチャールトンの自宅を訪ねてくる超常現象の調査員やジャーナリストを歓迎していたが、このプロジェクトを再び真剣に取り扱ってくれる人が現れるのを待ち望んでいた。「彼らは予知や魔女やポルターガイストの話は熱心に聞いてくれます」と彼女は一九七三年に『イブニング・ポスト』紙に語っている。「けれどだれもなにも建設的なことをしようとは思っていないみたいなんです」。実験が終わる頃には、プレストンの手元には三千以上の予知のコレクションがあり、そのうちの一二〇〇前後はチェック済みで、彼女の自宅のファイリングキャビネットにおさまっていた。災害などの事前の警告は一つも発せられなかった。

謝辞

私を信じ、ご父君のストーリーを書かせてくださったジョン・バーカーの四人の子供たち、ナイジェル、ジョセフィン、ジュリアン、サイモンへの感謝は尽きない。ご提供いただいた写真や手紙、通知表、古いリール式の録音テープ、さらにはかれらが子供の頃の大切な思い出を、ストーリーをつむぐための資料として使うことを許していただいた。間違いがあったとしたら、それはすべて私の責任である。バーカー氏のありのままの姿を描けていればと願うばかりだ。ありがとうございました。

ピーター・フェアリーのご子息、ダンカンとアラステアには写真や本、予知調査局の足跡をたどるための資料を探す労を取っていただいた。予知調査局が勢いを失ってからも長年運営を続け、データを保管していたジェニファー・プレストンのお子さんたち、ジョナサン、アラベラにも同様に感謝している。アラン・ヘンチャーの詳しい生育歴を教えてくれた親族の皆さんにもお礼を申し上げる。それからミス・ミドルトンの人生と心境についてはデレク・サナーズと、彼女の長年のご友人であり教え子であり隣人でもあったクリスティーヌ・ウィリアムズのご助力がなければ正しく理解することができなかっただろう（できていればいいのだが）。

シェルトン病院の元スタッフの皆さん、ロージー・モリス、デイヴィッド・イーノック、ロバート・クインリン、ハリー・シーハンは一九六〇年代から七〇年代はじめまでの病院での毎日の様子や病棟回診について貴重な記憶を話してくれた。初期のシェルトン病院で働いていたJ・キース・カビンズの回想録『地獄の待合室』（未邦訳）もとても参考になった。サラ・デイヴィスとシュロップシャー公文書館のスタッフの皆さんには病院の記録についてご教示いただき、新型コロナウイルス感染症のパンデミックによって訪問が中断した際にもとてもお世話になり感謝している。王立精神医学会のレジデント、クレア・ヒルトンには、調査をしている間、貴重な知識と支援を惜しみなく提供していただいた。過去の精神科の患者への治療や精神医学界の改革とバーバラ・ロブの運動グループAEGISについてのヒルトンの研究が本書の基礎を支えてくれた。ケンブリッジ大学に保管されている心霊現象研究協会にある貴重なバーカーのメモや手紙を見せていただいたときに、私はこの本を書けると確信した。

　チャック・ラポポートのアバーファンでの経験と写真は私に常に刺激を与えてくれた。そのうち二枚をこの本で再び世に出せることを誇りに思っている。ジェレミー・ディーズ、ボブ・トレバー、マグナス・リンクレーター、デイヴィッド・ジョンソンは、特に一九六〇年代のフリート・ストリートの様子とその雰囲気、それに『イブニング・スタンダード』紙のニュースルームの活き活きとした空気を再現するのを助けてくれた。そのにおいを忠実に伝えられていればいいのだが。オーウェン・デイヴィス『スーパーナチュラル・ウォー　第一次世界大戦と驚異のオカルト・魔術・民間信仰』（ヒカルランド、二〇二〇年）、ルーシー・ノークス『国のために死ぬ　第二次大戦時のイギリスでの死と悲しみと喪失』（未邦訳、二〇二〇年）、エリザベス・ロッテンバーグ『精神分析学への愛　フロイトとデリダにおける偶然のいたずら』（未邦訳、二〇一九年）、アシフ・シディキによるウラジミル・コマロフとソユーズ1号の悲運の旅について分析した労作など、独自の視点を持つ研究者の他では見ることができない情報や分析にもとても助けられた。バーゼルのCHメディアのベンジャミン・ウィーランドは、一九六七年にキプロスで起きたグローブ航空機墜落事故の状況を、私が理解できるまで職務を超えて助けてくださった。ラリー・タイは、ロバート・ケネディが自身の運命を悟っていたと私に教えてくれた。

ルアナ・コロカ、ファブリツィオ・ベネデッティ、テッド・カプチャク、ジウリオ・オンガロ、シェリー・アドラーにはノセボ効果についてご教示いただいた。ピーター・ケネディにはご父君ウォルターの人となりとその研究、ノセボ効果という名を付けた経緯について教えていただいた。スウェーデンにおけるあきらめ症候群の記述には、友人であり同僚であるレイチェル・アヴィヴの取材レポートと、カール・サリンの洞察を大いに参考にさせてもらった。フィリップ・コーレットは予知や知覚や幻覚に関する私の質問に辛抱強く答えてくれた。マーティン・サミュエルズは私にジョージ・エンゲルスの著作を紹介してくれるとともに、脳それ自体と、心臓などの主要な臓器との関わりについての自身の先駆的な研究について説明してくれた。みな先入観を持たず、興味を持って、バーカーのライフワークを真剣に受け止めてくれた。

時間と人間の関わりについて書こうとすると、これまでのすばらしい書き手たちの作品の輝きの陰に隠れる結果になる。しかし私は本書のテーマについて考えるときに、アニー・ディラード、カルロ・ロヴェッリ、J・B・プリーストリー、シャルロッテ・ベラート、ジョン・バージャー、オリバー・サックス、マリーナ・ウォーナー、アンディ・クラーク、W・G・ゼーバルト、アーサー・ケストラー、フィリップ・アリエス、ジャネット・マルカム、ジョン・グレイなどの素晴らしい著作に助けられ、畏怖するとともに感謝している。ヘルストンの教育慈善団体、コーンウォール芸術科学トラスト（CAST）のテレサ・グリードゥ、ロンドンのシェアオフィス「セカンドハウス」のローハン・シルヴァは私に仕事場を提供してくれた。サマラ・クラークはパンデミックの間、私の家族に貴重な時間と尽きることのない愛情のこもった支援を与えてくれた。

アリス・フィッシュバーン、アラン・バーディック、クリス・コックス、ジョナサン・シャイーニン、デイヴィッド・ウルフという素晴らしく優秀な雑誌編集者と仕事ができて幸運だった。みな様々な段階でこのストーリーについて知り、私を励ましてくれた。『ニューヨーカー』誌の同僚デイヴィッド・レムニック、ドロシー・ウィッケンデン、ダニエル・ザレウスキ、ウィリング・デイヴィッドソンは、私に雑誌記事「予知調査局」の執筆を依頼してくれ、二〇一九年三月に掲載し、その後本書を書くための時間を与えてくれた。ザッハ・ヘルファンドは最初の段階で内容をチェックして、しっかりとした裏付けがあると太鼓判を押してくれた。「見えない調査局」として私をバックアップしてくれた皆さんはいつもWhatsAppで気軽に相談に乗ってくれた。ウィリング、ギデオン・ルイス・クラウス、ベン・パワー、スー・ウィリアムズ、ウィル・カー、AC・ファースタッドは初期の原稿を読んでくれ、いつも助言をくれ、友情で支えてくれた。ジョナサン・ヘフ、エド・シーザー、マーク・リチャーズ、ローズ・ガーネット、レベッカ・セルバディオ、トム・バズデン、エミリー・ストークスは必要なときに私を正しい方向へと導いてくれた。ピーター・ストラウスは二〇〇六年に突然電話をくれて、この本を書くようにと励ましてくれた。こんなにも長い時間がかかってしまって申し訳ない。

　ペンギン・プレスのウィル・ヘイワードとフェイバーのアレックス・ボウラーは私が書きたいと思っているのがどういう本なのかを即座に理解し、その実現に向けて最良の方法で挑戦させてくれた。ナタリー・コールマンとアン・オーウェンは本書が本当に刊行できるようにしてくれた。ありがとう。エイトケン・アレクサンダーのレスリー・ソーンはいつも私の面倒を見てくれたし、二〇一四年に出会って以来、ほとんど気づかない間に私の仕事や文章を正しい方へと導いていてくれていたエマ・パターソンにはお礼が言いようのないほどお世話になった。あなたは賢く、優しく、とても強い人だ。あなたと知り合えた私は幸運だ。私の両親ビルとステファニー、姉妹のサラはその愛情で、彼らが思っている以上に私を毎日支えてくれている。私の子供たち、アギーとテスとジョンとアーサーにもありがとうと言いたい。君たちをとても愛している。超自然的なものであれ現実のものであれ、私が妻ポリーと人生をともにできるようにしてくれた魔法のような力に感謝している。ポリー、この本をあなたに捧げる。

訳者あとがき

ずっと会っていなかった人のことをふと考えた直後にその人から電話がかかってきた、というような不思議な出来事を経験したことはないだろうか。一九六〇年年代のイギリスに、これから起こる出来事を事前に知ることができる力、いわゆる「予知」や「予感」、あるいは「千里眼」と呼ばれるものが存在するのかに興味を持ち、そのメカニズムを解明したいと願った精神科医がいた。本書『死は予知できるか』（原題 The Premonitions Bureau）の中心人物ジョン・バーカーである。シェルトン病院の医師である彼は、精神科の患者が置かれている環境を改革しようとする先進的な人物であり、電気ショック療法など当時から物議を醸した治療を試みる野心的な科学者だった。人が死を恐れるあまり死んでしまうことがあるという研究の調査のために一九六六年のアバーファン炭鉱崩落事故の現場に赴いた彼は、たくさんの子供が生き埋めになって亡くなった村のあまりに悲痛な状況に衝撃を受ける。そして事故の前夜などに死を予感するような発言をしていた人たちがいたことを知り、予知によって災害や事故を未然に防いだり、被害を回避したりすることができないだろうかと考えた。それに同調した『イブニング・スタンダード』紙の編集者で科学ジャーナリストのピーター・フェアリーとともに、一般の人たちから予知や予感を募り、それが実現するかどうかを調べる「予知調査局」を設置したのだ。

予知調査局は一年あまりの間運営され、合計七二三件の予知が寄せられた。全体の的中率こそわずか三パーセントだったが、旧ソ連の宇宙船ソユーズの事故やキプロスの航空機墜落事故、ロバート・ケネディの暗殺などを的中させたスター的な人物も二人現れ、世間の注目を大いに集めた。バーカーは人間の大きな感情の動きがなんらかの仕組みで遠く離れた人物のところに伝わってくるのではないか、「いま」という時間の捉え方を変えれば科学的に説明がつくのではないかなど、当時の科学知識を駆使して、様々な考察をする。しかし革新的で冒険的な研究ばかり行い、テレビ出演など派手な活動をするバーカーは旧態依然とした病院で次第に居場所をなくしていく。さらに自身の死を予言され、ある火災が決定打となり、彼も予知調査局も皮肉な運命に呑まれていく。

天真爛漫で好奇心のままに行動するバーカーは、よく言えば未知の現象に対してオープンマインド、悪く言えば信じやすすぎて危なっかしいのだが、そこが魅力的な人物だ。事故や災害の被害者を救いたい、自分の患者たちの環境を改善したいという真摯な思いには胸を打たれる。予知調査局をともに設立したフェアリーはバーカーと同じく科学好きだが科学者ではなく、ジャーナリストの立場から、自身の直感も科学もうまく利用して成功したので、二人の明暗は大きく分かれたと言える。

当時は旧ソ連とアメリカの宇宙開発競争の時代であり、わくわくするような最先端の科学ニュースが相次いでいた。フェアリーの活躍を通してその活気が伝わってくる。

バーカーの研究対象であるミュンヒハウゼン症候群や電気ショックによる嫌悪療法など、精神科医療のエピソードも興味深い。予知調査局の軌跡をたどる合間には、相対性理論、ラグランジュ点、アイルランドのヘブリディーズ諸島の千里眼、解剖医ジョン・ハンターの亡霊、第一次大戦中に現れた天使、カント、フロイト、ユング、アーサー・ケストラーらの予知や時間をめぐる論考など、科学、オカルト、哲学などの様々なトピックが紹介されているのも楽しんでいただけるだろう。

著者サム・ナイトは二〇〇二年にケンブリッジ大学を卒業後、ニューヨークに移り、コロンビア大学で修士課程を修了。ロンドンに戻って、二〇〇七年に勤めていた『タイムズ』紙を離れた際に、大学卒業以来の念願であったノンフィクションなどのライターの仕事をはじめた。一〇年間『フィナンシャル・タイムズ』、『ニューヨーク・タイムズ』紙など様々な新聞・雑誌に寄稿し、二〇一八年に『ニューヨーカー』誌の専属ライターになった。現在はイギリス情報のページを担当している。本書は書籍第一作である。本書で「予知」の存在について論理的、科学的で冷静な立場を貫いている著者が、自身が「予知」かもしれないと感じた経験を紹介した部分では、「そのことをあまり考えないようにした」と当時を振り返っているのが興味深い。

バーカー亡き後、科学はさらに進歩した。量子力学など最新の科学の分野では「時間」の概念そのものを新しく捉える学説や人間の意識が周囲の現象に影響を与えている可能性があるという研究データもあるという。いつの日か、予知が科学的に解明され、バーカーの主張は荒唐無稽ではなかったと言える日が来るのかもしれない。

末筆になりましたが、本書と出会わせてくださった亜紀書房の内藤寛さん、編集の労を取ってくださった同社の西山大悟さんに厚く御礼申し上げます。

サム・ナイト

Sam Knight

ロンドン在住のジャーナリスト。『ニューヨーカー』誌のスタッフライター。同誌でイギリスの政治家やブレグジット、美術品詐欺、サッカー界の汚職、予知能力などについて執筆する。『ガーディアン』紙、『フィナンシャル・タイムズ』紙にも寄稿している。初の著書 The Premonitions Bureau: A True Story を2022年に刊行。多数のメディアで年間ベストブックに選出された。

仁木めぐみ

Niki Megumi

翻訳家。東京都出身。主な訳書にスー・クレボルド『息子が殺人犯になった』、デヴィッド・コンクリン『コンクリンさん、大江戸を食べつくす』、ジェニファー・ベリー・ホーズ『それでもあなたを「赦す」と言う』、ミキータ・ブロットマン『刑期なき殺人犯』（以上、亜紀書房）、オスカー・ワイルド『ドリアン・グレイの肖像』（光文社古典新訳文庫）、ヘレン・トムスン『9つの脳の不思議な物語』（文藝春秋）、ブロニー・ウェア『死ぬ瞬間の5つの後悔』（新潮社）など。

亜紀書房翻訳ノンフィクション・シリーズ Ⅳ－12

死(し)は予知(よち)できるか——一九六〇年代(ねんだい)のサイキック研究(けんきゅう)

2023年9月1日　第1版第1刷発行

著者　サム・ナイト

訳者　仁木(にき)めぐみ

発行者　株式会社亜紀書房
〒101-0051
東京都千代田区神田神保町 1-32
電話 (03)5280-0261
https://www.akishobo.com

デザイン　bicamo designs

印刷・製本　株式会社トライ
https://www.try-sky.com

ISBN 978-4-7505-1811-4 C0095
©2023 Megumi Niki, Printed in Japan

乱丁本・落丁本はお取り替えいたします。
本書を無断で複写・転載することは、著作権法上の例外を除き禁じられています。